CE N'EST QU'UNE QUESTION DE COURAGE

Alexandre Vincendet

CE N'EST QU'UNE QUESTION DE COURAGE

Essai

RAMSAY

CE N'EST QU'UNE QUESTION DE COURAGE

Première édition

À mes grands-parents et ma famille.

Prologue

Pourquoi la politique ? Pourquoi Rillieux-la-Pape ?

La chose politique, on dit souvent que c'est un virus qui s'attrape dès le plus jeune âge. Je n'ai pas fait exception à cette règle. Je suis issu d'une famille de la classe moyenne plutôt gaulliste, une famille assez modeste installée aux alentours d'Ambérieu-en-Bugey, dans l'Ain.

L'Ain, c'est un département extrêmement divers, sans doute celui où l'on trouve le plus de disparités, tant sociales que géographiques. Des bords du Lac Léman aux vastes terres agricoles, en passant par le haut Jura, la banlieue lyonnaise, les villes moyennes vivant grâce à un patrimoine industriel encore préservé, on trouve tout dans ce département. Celui qui veut rencontrer la France n'aura qu'à se balader et ouvrir les yeux, celui qui veut rencontrer les Français dans leur diversité n'aura pas beaucoup d'efforts à faire en discutant avec des Aindinois.

Bref, c'est dans une famille heureuse que j'ai grandi, élevé par une mère cadre infirmière qui s'occupa seule de ses quatre enfants. Aucun autre membre de ma famille n'a, dès son plus jeune âge, développé ce virus qui n'est donc *a priori* pas très contagieux. Toujours est-il que les discours de Jacques Chirac à la télévision, les discussions familiales, les actualités des années 1990 et 2000 me donnèrent une vraie passion pour la chose publique, pour l'idée de pouvoir politique.

Bien entendu, la vie n'est pas un long fleuve tranquille. Comme tous les enfants un peu agités, je me défoulais avec du sport, entre deux bêtises d'adolescent. La natation, puis les sports mécaniques, et notamment le karting et la monoplace jusqu'à un niveau semi-professionnel, furent mon quotidien. Mais toujours, j'avais en moi cette idée, parfois pas très claire, de « faire de la politique ». Puis vinrent les études et la nécessité de faire des choses utiles et efficaces plutôt que ce qui me passionnait. J'y reviendrai plus loin, mais le fait d'avoir dû me lancer dans un BTS commercial parce que je savais bien que les moyens familiaux ne me permettraient pas de faire de longues études m'a aussi aidé à prendre du recul sur les jugements un peu trop hâtifs sur le libre choix, qui n'est parfois qu'une idée. Oui : souvent, on n'a pas vraiment le choix, on est contraint par des facteurs que l'on ne maîtrise pas.

Toujours est-il que dès que cela a été possible, je me suis inscrit dans une démarche militante, soutenant les candidats que j'identifiais comme gaullistes, à commencer par Jacques Chirac.

Puis, au fur et à mesure de ma découverte de l'appareil politique, du système institutionnel, mais aussi de la façon dont les partis fonctionnaient de l'intérieur, je me décidais à sauter le pas. Je devais avoir vingt-cinq ans quand je découvris une école parisienne formant aux métiers du politique : l'Ismapp. À cette époque, j'oscillais entre rêve d'une carrière de pilote professionnel et envie de m'engager réellement en politique.

Le choix fut vite fait : je me retrouvais dans une barre HLM au Bourget, finançant mes études en sciences politiques et management public tardives en travaillant au rayon produits frais d'un supermarché. La suite est assez logique : les stages à l'Assemblée nationale, puis la rencontre avec celui qui sera en quelque sorte mon mentor, Jean-François Copé.

On pense de lui ce que l'on veut. En ce qui me concerne, je considère qu'il a été selon moi injustement jugé et évalué par le monde médiatique et l'opinion publique. Et outre le fait que nous ayons tissé des liens d'amitié forts et qu'il s'agisse d'un homme d'une puissance intellectuelle remarquable, il est celui qui m'a fait partager sa vision de ce qu'était la politique et qui a donné du sens à mon engagement.

Car lorsque l'on se retrouve à travailler à l'Assemblée nationale, on est forcément aveuglé par les « ors » de la République. Esthétiquement, le Palais Bourbon est conçu pour impressionner, tout comme la ville de Paris est conçue pour enivrer ceux qui y vivent. Lorsque l'on vient de la « Province », on se glisse un peu trop vite dans les pas d'Eugène de Rastignac. Or, si son nom est passé dans le langage courant et est devenu un synonyme de cynisme et d'ambition, je ne suis pas certain que c'était l'ambition de Balzac, qui s'était d'ailleurs inspiré d'Adolphe Thiers lorsqu'il inventa Rastignac. Après tout, les grands noms de notre République naissante étaient souvent des provinciaux montés à Paris. Jules Ferry était Lorrain, Georges Clemenceau était Vendéen, Émile Combes était Charentais, Édouard Herriot était Lyonnais, Jean Jaurès était Tarnais... Il n'y a donc aucune honte à connaitre une ascension parisienne, mais tel ne fut pas mon choix.

Rastignac est en fait devenu le symbole de tous ces jeunes gens ambitieux qui sont happés par la capitale et ses lumières. Au sein de ma famille politique, il était difficile de ne pas les voir et ils étaient tout aussi nombreux dans les autres partis. On a tendance à dire que ce phénomène est propre à la politique, mais il est surtout un syndrome parisien qui touche les médias, le monde économique et tant d'autres secteurs, auquel je n'ai pas échappé, me prenant au jeu dans ces jeunes années.

Et c'est là que Copé intervint. C'est très simple : il suffit d'avoir cinq minutes de conversation avec lui pour qu'il mentionne sa ville. Pas celle dont il est originaire, pas celle où il a fait ses études, mais celle où il s'est retrouvé parachuté en 1995 : Meaux, en Seine et Marne. L'observateur extérieur peut même s'agacer ou plutôt se lasser du fait qu'il ne puisse s'empêcher de citer Meaux, ses habitants, ses projets, ce qu'il s'y passe. Pourtant, Meaux est la passion de Copé. Depuis 1995, il est maire de Meaux, qui était alors une ville très modeste, à la limite du « territoire perdu » quand il y a été parachuté.

Pourquoi un jeune énarque, originaire d'une famille bourgeoise de Boulogne-Billancourt, parisien jusqu'au bout des ongles, va-t-il choisir une ville compliquée dont la sociologie ne correspond absolument pas à son profil ?

Cette question a cheminé dans mon esprit, jusqu'à devenir une sorte de mantra. Je vois plusieurs réponses possibles qui expliquent mon propre parcours et le fait que je ne sois pas devenu un Eugène de Rastignac.

La première explication est la moins noble puisqu'elle rappelle mon goût personnel pour la compétition. J'ai toujours aimé faire la course, en nageant, en courant ou en pilotant sur un circuit, j'ai toujours apprécié les matchs, les confrontations encadrées comme à l'époque où je jouais au rugby. L'idée de compétition n'est cependant pas suffisante pour expliquer le choix de ne pas « faire » une carrière parisienne et d'attendre sagement son tour, que la place se libère. Après tout, la compétition parisienne est également très vive, moins codifiée, mais elle existe bel et bien.

Pour compléter ce goût de la compétition, il y a aussi le goût de la performance, le goût de l'effort. L'idée qu'il est possible de renverser une montagne, de gravir un sommet, de rejouer David contre Goliath est pour beaucoup dans mon choix de ne pas rester à Paris. Il eu été plus facile de se présenter sur une liste de droite dans une commune déjà acquise pour attendre mon tour, mais mon tempérament me guida à me présenter aux élections municipales dans une commune de banlieue populaire réputée ingagnable, gérée par la gauche depuis vingt ans.

La deuxième explication, plus importante encore à mes yeux, tient en ma définition personnelle de la politique. Elle est sans doute un peu trop chevaleresque, un peu trop idéale, mais pour moi, celui qui s'engage en politique le fait pour changer la vie des gens. Bien entendu, il le fait pour gagner, pour exercer le pouvoir, ce serait mentir que de prétendre le contraire. Mais pour moi, l'idée cardinale est que celui qui détient le pouvoir, qui a été investi par l'onction populaire, doit pouvoir changer en mieux la vie des gens.

C'est une idée bien ambitieuse, on peut la qualifier de paternaliste, on peut aussi penser que celui qui l'émet a une tendance à la mégalomanie, mais quel sens plus noble pourrait avoir l'engagement politique ? Aider son prochain, participer à la transformation de la cité, améliorer sensiblement l'existence des habitants, tels sont les motifs qui ont guidé mon choix et qui ont fait ce que je suis aujourd'hui : le maire d'une banlieue populaire de la région lyonnaise.

Au fond, mes jeunes années, de la classe moyenne aindinoise qui parfois avait du mal à joindre les deux bouts aux HLM du Bourget, ont fait de moi ce que je suis et ont ancré en moi l'idée que la politique ne saurait être que prioritairement l'amélioration du sort des classes populaires et la lutte, éternelle et résolue contre le déterminisme social. Au fond, cette attitude a quelque chose de gaulliste dans le sens où le Général de Gaulle, s'il n'a jamais été élu local, a choisi la carrière des armes à une époque où défendre la patrie impliquait, même pour les gradés, de se retrouver dans les tranchées aux côtés de l'ouvrier, du paysan, du tirailleur africain… Et puis, quand l'heure est venue, et jusqu'à sa mort, le Général de Gaulle a embrassé la France, changeant pour toujours la vie de ses habitants. Des personnages ayant à ce point le sens de l'Histoire allié à une capacité intellectuelle hors du commun n'existent plus vraiment et prendre en main la destinée d'une nation n'est plus aujourd'hui quelque chose d'envisageable pour quelqu'un qui n'a pas vraiment d'expérience du pouvoir politique.

Toutefois, c'est cet exemple qui m'inspire, cette idée de changer le destin de ceux qui sont oubliés, de ceux qui ne croient plus que cela soit encore possible. Et mon chemin en politique devait passer par ce type d'expérience, sans doute un peu romanesque, certainement pas dénuée de risque, mais correspondant à l'idée que je m'en faisais.

Lorsque j'ai émis ce souhait, quelques années avant l'élection municipale de 2014, je le formulais de la sorte : le combat politique est démocratique, il n'avait pour moi d'intérêt que si celui qui le mène est porteur d'une vision, d'un projet, d'une alternative proposant de changer ce qui existe déjà. Autrement dit, je souhaitais partir au combat là où personne ne voulait aller, là où les chances de victoires étaient minimes. Je voulais mener, et gagner, un combat démocratique inégal et surtout ne pas être un « héritier ».

C'est là que le choix de Rillieux-la-Pape est apparu assez naturel. Car le parachutage, même si je n'aime pas cette expression, doit avoir une cohérence. Je suis originaire de l'Ain, j'ai commencé mes études à Lyon, il paraissait logique de trouver une commune qui soit liée à ces deux secteurs. Rillieux-la-Pape est à trente minutes d'Ambérieu-en-Bugey, c'est une commune de l'Ain qui a été rattachée au Rhône dans les années 60, elle est à une frontière entre la métropole de Lyon et mon département de naissance.

C'est aussi une ville de banlieue populaire, abimée à l'époque par une longue période de gestion socialo-communiste qui mêlait sous-investissement et clientélisme. Mes prédécesseurs n'étaient cependant pas tous de dangereux idéologues et j'ai même du respect pour certains d'entre eux. Toutefois, la logique électoraliste qui les animait, même inconsciemment, les conduisait, comme la gauche l'a trop souvent fait, à maintenir un maximum de l'électorat dans une certaine pauvreté. Ainsi, ils considéraient ces « pauvres » comme une clientèle électorale acquise qui reproduirait son vote année après année.

Ce raisonnement, en termes de nivellement par le bas, est hélas encore ancré dans l'esprit de la gauche dite « de gouvernement ». En maintenant un maximum de monde dans une situation à la frontière du seuil de pauvreté, on pensait pouvoir s'assurer un vote quasiment automatique. Pour cela, les recettes étaient simples : il fallait concentrer du logement social, créer un maximum d'aides locales ou nationales maintenant tout juste les gens à un certain niveau tout juste au-dessus de la survie. Et surtout, il fallait éloigner ces pauvres le plus possible la classe moyenne et l'idée de possibilité d'élévation sociale.

L'idée de l'ascenseur social en panne, d'une société bloquée fut en effet très longtemps le synonyme d'un patrimoine électoral pour la gauche. Il suffit d'ailleurs de regarder à quel point il est coûteux pour un employeur de payer un employé au-dessus du SMIC, car dès que l'on dépasse cette somme, des charges quasi confiscatoires apparaissent. Il se trouve que le système est ainsi fait : le SMIC tel qu'il est conçu et les minimas sociaux constituent une trappe à pauvreté dans ce sens qu'ils peuvent être considérés comme des planchers alors qu'ils sont la plupart du temps des plafonds. C'est exactement comme le logement social et les aides au logement tel qu'elles sont organisées constituent parfois un piège condamnant celui qui en bénéficie à ne plus pouvoir en sortir.

Rillieux-la-Pape, donc, était l'archétype de cette commune populaire, disposant d'un potentiel important, mais que le pouvoir local en place faisait tout pour ne pas exploiter, et qu'il développait le moins possible. Une nouvelle fois, rien de tout ceci n'est réellement conscient, aucun homme politique rationnel ne vous dira qu'il souhaite maintenir la population dans la pauvreté. Mais l'idée de réussite individuelle est souvent suspecte à gauche. Nous verrons qu'elle l'est souvent d'autant plus quand elle est le fait de quelqu'un dont les parents ou grands-parents ne sont pas nés français et qui n'est pas blanc de peau. Le choix des militants du PS de reconduire l'apparatchik Olivier Faure face à la maire de Vaulx-en-Velin, Hélène Geoffroy, est symptomatique de ce mal français. Force est de constater qu'il a été une nouvelle fois préféré par la gauche un cadre parisien ayant conduit le PS à la défaite plutôt qu'une élue de banlieue populaire ayant arraché sa ville aux communistes.

Mais revenons au choix de Rillieux-la-Pape. Cette décision, je l'ai prise à la fin de 2013. Elle est aussi une référence à ce qui est au cœur de ce livre et qui m'a poussé à l'écrire. C'est l'idée de courage qui a guidé ma réflexion et mon choix. Car changer la vie des gens demande de prendre des risques, de tenter des choses, de les rater parfois, mais d'essayer. Et les politiques n'essaient plus, ou alors ils le font de moins en moins. Il y a des raisons à cela, ce n'est pas uniquement de leur faute.

Prenons un premier exemple avec quelqu'un qui n'est pas du tout de ma famille politique, l'ancien Premier ministre Manuel Valls. Réagissant à la rentrée politique du Président de la République à Marseille en septembre 2021, Valls indiquait dans les médias que pour certains quartiers de cette ville, la solution idéale serait de les raser, puis de les reconstruire en mixant la population. La réaction médiatique et politique fut unanime : c'était démago, insensé, irréalisable…

Je n'ai aucun doute sur le fait que Manuel Valls avait lâché cette petite phrase pour se faire remarquer alors qu'il peinait à revenir dans le débat national, mais il n'empêche, c'est précisément ainsi qu'il faut procéder. Détruire, reconstruire, faire revenir la mixité sociale est souvent le triptyque qui permet de retrouver les territoires perdus. Je l'évoquerai dans ce livre, mais l'un des grands malheurs de notre politique de la ville reste précisément la politique de peuplement. Des erreurs fatales ont été commises, à Marseille comme dans la plupart des grandes villes en mettant ensemble des populations homogènes socialement et ethniquement. Et après, on se plaint de voir apparaitre des ghettos.

Et en effet, lorsque le peuplement d'un ensemble de logements sociaux est en lui-même facteur de troubles, il faut être capable de faire table rase. Mais pour cela, il faut ce que Manuel Valls n'a pas vraiment eu lorsqu'il était ministre de l'Intérieur, puis Premier ministre : du courage, pas seulement dans les paroles, mais aussi dans les actes.

Avoir du courage prend différentes formes, il ne s'agit pas seulement d'actions spectaculaires, mais parfois de choses simples. Nous l'évoquerons ultérieurement, mais depuis des années, la police de plusieurs États américains est dotée de caméras portables qui filment et enregistrent toutes les interactions avec le public lors de leurs interventions. On en voit l'utilité immédiatement : dès qu'il y a un soupçon de bavure, et aux États-Unis, c'est quelque chose de très courant, il y a moyen d'établir des éléments de preuve et de reconstituer les événements. Technologiquement, c'est assez simple, peu coûteux et cela peut résoudre des cas litigieux.

Or, les forces de l'ordre en France ne l'utilisent pas et n'en sont pas équipées alors que les interactions entre la police et certaines populations deviennent de plus en plus violentes, parfois dramatiques, et font l'objet de contestations de plus en plus médiatisées. Dès lors, tout n'est qu'une question de courage : un ministre de l'Intérieur pourrait tout à fait décider d'équiper les forces de l'ordre de ce type d'équipement, en en réglementant l'usage. Après tout, cela fonctionne dans d'autres pays occidentaux.

Eh bien, rien n'avait été fait au plan national. En 2014, quelques semaines après mon élection, il y eut quelques scènes de violences urbaines et bien évidemment des accusations contre la police municipale. J'ai donc commandé ces caméras, les mêmes que celles utilisées par la police dans certains États américains. Immédiatement après cette annonce, on a évidemment commencé à recevoir les remarques de l'opposition. Il serait d'après eux interdit de filmer sur la voie publique, il serait attentatoire aux libertés de se servir de ces enregistrements dans le cadre de procédures, et j'en passe, tant il y a eu de réflexions. Comme on l'a vu sur les réseaux sociaux à propos de la Covid ou d'autres sujets, certains commentateurs sont même devenus des spécialistes en micro caméras, expliquant que les batteries ne tiendraient pas et que la mémoire était insuffisante. Bref, il n'y avait que de bonnes raisons pour ne pas le faire. Il ne fallait surtout prendre aucun risque.

Évidemment, tout s'est bien passé, personne ne s'est plaint, cette expérience a été couronnée de succès médiatiquement et, quelques mois plus tard, un certain Manuel Valls, alors ministre de l'Intérieur, a demandé au préfet de région de se renseigner sur ce dispositif. La suite est assez connue : au bout de longues années de débats, de textes législatifs et réglementaires, ces caméras furent désormais autorisées pour les forces de l'ordre au plan national. Mais bien entendu, en 2021, elles n'en sont toujours pas équipées de façon systématique, ce qui illustre cette insupportable pesanteur.

C'est cette pesanteur, d'abord due à la peur de faire, à la peur d'entreprendre, entretenue par tout un système, qui est, selon moi, le principal facteur de rejet des politiques par la population. Toutefois, ce système est bien huilé et de temps à autre, cloue quelqu'un au pilori pour l'exemple afin de dissuader tous ceux qui voudraient oser. La récente mise en examen de l'ancienne ministre de la santé Agnès Buzyn accusée d'avoir mal réagi face à la crise de la Covid fait écho au lynchage de Roselyne Bachelot et son excès de réaction face au SRAS.

Pour le cas de Madame Buzyn, on traine en justice quelqu'un qui a démissionné de son poste le 16 février pour briguer la mairie de Paris. Rappelons que le premier mort français de la Covid date de la fin du mois de février et que nous parlons d'une époque où il n'y avait que dix-huit cas recensés dans le pays. Certes, les déclarations ultérieures de l'ex-ministre ne sont pas très fines, mais le fait d'être trainée en justice en conséquence d'une décision politique est difficilement admissible. La sanction de l'action politique, ce sont les électeurs qui la donnent et en aucun cas les juges. Il semble d'ailleurs au passage que les électeurs aient clairement fait comprendre, lors du scrutin municipal parisien, qu'ils ne voulaient en aucun cas que madame Buzyn ait de quelconques responsabilités politiques dans la capitale.

Concernant Roselyne Bachelot, cette dernière était au contraire accusée d'avoir surréagi à une alerte sanitaire lors de la crise de la grippe H1N1 en 2009. Elle fut bien entendu épinglée par tous les rapports possibles : celui de la commission d'enquête, celui de la Cour des Comptes, sans oublier les émissions satiriques la décrivant comme une idiote et des insinuations et des soupçons de conflit d'intérêts et de corruption.

Dans les deux cas, les garde-fous ont fonctionné : un politique est sous pression en permanence et le moindre geste, la moindre parole peuvent être analysés et punis par la machine. Les exemples du même type sont innombrables et découragent toute initiative et tout risque alors que c'est souvent ce que les Français attendent.

D'ailleurs, on notera au passage que les politiques font souvent les propositions les plus ambitieuses une fois qu'ils ont quitté le pouvoir. Manuel Valls n'est pas le seul, regardons Michel Barnier. À soixante-dix ans, alors qu'il a occupé tous les postes en France et en Europe où il a eu une carrière plutôt remarquée, il propose, dans le cadre de la campagne d'une hypothétique primaire de droite censée désigner le candidat à l'élection présidentielle, d'ouvrir la possibilité de passer outre les décisions de la Cour de Justice de l'Union européenne et de la Cour européenne des Droits de l'Homme.

Le premier réflexe lorsqu'on lit une telle décision de la part de celui qui fut au cœur du réacteur à Bruxelles est de se demander : « Mais pourquoi ne l'a-t-il pas fait quand il y était ? » La réponse est dans la question : il ne l'a pas fait par manque de courage. Je ne veux pas dire que Michel Barnier n'est pas courageux, il l'est et l'a été sur un grand nombre de sujets, mais dès qu'il faut prendre une décision qui remette en cause le système, qui brise l'ordre établi, le risque d'être victime de la machine à broyer est souvent trop important.

En définitive, l'idée de s'abstenir occasionnellement de respecter les décisions de la justice européenne, notamment en matière d'immigration, serait sans doute un levier fort efficace, mais émettre cette réflexion alors qu'on est au pouvoir se révèle trop dangereux et demande un courage que beaucoup n'ont pas.

Ce qui est valable à l'échelon national et européen l'est encore plus à l'échelon local. On dit souvent que l'élu doit se situer à portée de gifles. Le président de la République en a fait les frais à Tain-l'Hermitage lors de l'été 2021 au sens propre, mais cette expression n'en demeure pas moins très adaptée aux maires. Être maire, c'est être constamment sollicité, et surtout c'est s'exposer. S'exposer aux récriminations, s'exposer aux pétitions, aux réclamations, à énormément de demandes, souvent contradictoires et qui poussent parfois à ne surtout pas bouger. C'est un phénomène qui n'est pas anodin et qui a coûté beaucoup d'élections : un maire a une énorme pression pour ne surtout rien faire, c'est une constante.

La moindre réforme locale, la moindre construction, le moindre permis de construire, le moindre nouvel équipement a son lot de pétitions, de manifestations, de pressions diverses et variées pour ne surtout rien faire. Par définition, ceux qui s'opposent sont souvent plus bruyants et motivés que ceux qui approuvent et l'élu local, plus que le ministre, doit savoir gérer ce phénomène, parfois physiquement. Cette règle est vieille comme la politique.

Aux États-Unis, lorsque Roosevelt se présenta pour un second mandat en 1936, le New Deal, sa politique de relance suite à la crise de 1929, peinait à démarrer vraiment, le chômage était de l'ordre de 20 % et le mécontentement était fort.

Face à lui, son adversaire républicain Alfred Landon semblait avoir partie gagnée. Plusieurs journaux organisaient alors des « votes de paille », procédure demandant aux lecteurs de renvoyer un bulletin correspondant à leur futur vote rassemblant des millions de personnes et donnant une victoire écrasante à Landon. Le jour du scrutin, Roosevelt l'emporta dans quarante-six états sur quarante-huit, avec un écart de onze millions de voix.

Pendant longtemps, on se demanda pourquoi les votes de paille s'étaient trompés. La réponse est toute simple : seuls les mécontents s'étaient mobilisés pour découper un bulletin fictif et le renvoyer au journal. Ceux qui comptaient voter Roosevelt attendaient silencieusement le jour de l'élection.

Cette anecdote ancienne doit réellement être une source d'inspiration au plan local : ce n'est pas parce que des protestataires parlent très fort qu'ils sont majoritaires, et encore moins qu'ils ont raison. Chaque élu local le sait bien, mais, ce livre va en parler, il est toujours très compliqué de garder une certaine lucidité, un certain cap, quand les protestations se font entendre. Prendre une décision courageuse, c'est facile à dire, un peu moins facile à faire, et encore plus difficile à tenir lorsque la tempête souffle.

Car, répétons-le, le chemin le plus simple est l'inaction : peu de gens vous demanderont de faire et beaucoup vous intimeront de ne pas faire. Sur Rillieux-la-Pape, cette ville qui semble correspondre en tous points à l'image que j'ai de la politique et de la noblesse du combat électoral, l'équipe de gauche alors en place en 2014 depuis une vingtaine d'années est tétanisée par le moindre bruit, la moindre vague. Alors que d'autres communes de la métropole de Lyon ont obtenu des sommes astronomiques de l'État par le biais de l'Agence nationale de rénovation urbaine pour modifier en profondeur l'urbanisme de leurs quartiers difficiles, Rillieux-la-Pape n'a eu que des miettes pour rénover des quartiers qui étaient loin d'être les plus prioritaires.

De même, chaque décision d'investissement étant contestée, les équipes municipales préfèrent reporter, ne pas faire, prendre le temps, multiplier les études alors que les urgences sont criantes : sur trente mille habitants, dix-huit mille vivent dans un quartier prioritaire composé de 85 % de logements sociaux appelé la Ville Nouvelle. La plupart des logements ont été construits dans les années 1960 et n'ont quasiment jamais été rénovés. Le contraste avec des cités comme les Minguettes à Vénissieux ou La Duchère à Lyon est saisissant : là où des tours ont été abattues de façon spectaculaire pour être remplacées par des habitations à taille humaine, elles se dressent toujours, grises et vieillissantes dans les quartiers de Rillieux-la-Pape. Rien ne semble avoir bougé, non pas faute de moyens, mais faute de volonté.

C'est donc ici que je me retrouve à devoir faire campagne, dans une ville dont le quartier central, l'un des plus grands quartiers classés en politique de la ville de France, semble figé dans les années 60. Rien ne bouge et les élus sortants sont comme hypnotisés, répétant tel un disque rayé qu'ils font bouger les choses, que leurs projets plaisent à la population et favorisent l'insertion et la mixité sociale. Il s'agit vraiment d'une situation surréaliste d'autant plus que la quasi-totalité des adjoints au maire constitue une liste dissidente face au maire qui semble à cette époque complètement sous l'influence néfaste de son directeur de cabinet.

La campagne fut virulente, surtout à cause des deux listes de gauche dont les coups bas entre elles se multipliaient, donnant une bien piètre image de ce que leurs valeurs étaient censées représenter. De notre côté, nous avions face à nous une liste divers droite avec qui nous avons pris grand soin de ne surtout pas nous brouiller. Le premier tour porte la liste que je mène en deuxième position, intercalée entre les deux listes de gauche.

Une fusion avec l'autre liste de droite conduite par celui qui allait devenir mon premier adjoint, Julien Smati, nous permettait d'afficher une union qui ne s'est jamais démentie depuis lors.

À partir de notre installation, suite à cette victoire inattendue, nous n'avons qu'une obsession : ne pas reproduire l'erreur classique des politiques français, que nos prédécesseurs n'avaient pas manqué de commettre. Désormais, nous agirions avec détermination et surtout courage, partant du principe que les électeurs préfèreraient toujours le mouvement à l'immobilisme et pourraient nous pardonner d'éventuelles erreurs à partir du moment où nous agissions.

Ce ne fut pas toujours simple, car immédiatement, nous avons été soumis aux pressions dont je parle plus haut : quelques habitants criant plus fort que les autres, ayant un accès plus simple aux voies de communication, ayant une capacité de mobilisation ont rapidement contesté tout ce que nous faisions. Mais nous avons décidé de ne rien lâcher et de tenir quitte à prendre le risque de commettre des erreurs.

L'une de nos premières décisions concerne un sujet que tout le monde qualifiait de « sensible ». Il s'agissait des barbecues sauvages et autres installations illicites en bas des immeubles. En effet, c'était devenu une tradition de descendre des tables, des chaises, des canapés en bas des tours et d'organiser des grillades. Ce qui peut paraître convivial pour les participants s'apparentait à un cauchemar pour les centaines d'habitants des tours du quartier. La fumée, les tapages incessants rendaient les lieux invivables.

Pourtant, personne n'avait jamais rien fait contre cela. Cette tradition perdurait et s'amplifiait. À vrai dire, il était difficile d'en blâmer les auteurs puisque la puissance publique restait muette et ne venait pas sanctionner leur attitude. Bien entendu, au cours de la campagne en porte à porte, ce problème revenait fréquemment, si bien qu'aussitôt élus, nous prenions le taureau par les cornes décidant de faire intervenir systématiquement la police municipale de façon très ferme pour verbaliser, et, si besoin, physiquement évacuer les canapés et autres meubles descendus sur la voie publique.

De même, nous allions créer plusieurs « barbecues municipaux » en des lieux éloignés des habitations et faisions passer un tract dans toutes les boites aux lettres pour prévenir de la nouvelle réglementation ainsi que de l'emplacement des barbecues. Ce tour de vis, apprécié par la population, allait évidemment déclencher une levée de boucliers et des cris d'orfraie. Nous étions traités de racistes, d'islamophobes, notre politique sécuritaire était évidemment fustigée. Si nous avions prêté attention à ces cris et à ces complaintes lancinantes, nous aurions bien entendu reculé, préférant l'inaction. Nous avons choisi de poursuivre nos efforts, multipliant les interventions de la police municipale jusqu'à ce qu'au bout de quelques mois, les barbecues sauvages ne soient plus qu'un mauvais souvenir.

Six mois après, plus personne n'en parlait, plus personne ne critiquait cette décision. Le courage et la détermination avaient payé, montrant que l'action était toujours préférable à l'attente.

L'autre point encore plus sensible fut l'arrivée, quelques semaines après l'élection, du mois du ramadan. Ce mois de jeûne diurne est sacré pour les musulmans qui représentent la religion majoritaire au sein du quartier de la Ville Nouvelle, même si les statistiques étant interdites, elles ne permettent pas d'en avoir la preuve formelle. Or, la période du ramadan, si elle est considérée comme un moment de rassemblement, de solidarité et de spiritualité par les croyants, est aussi souvent synonyme de nuits agitées, de tapages nocturnes, de marchés sauvages en pleine nuit qui rendent ce quartier, qui, rappelons-le, compte dix-huit mille habitants, complètement invivable. En période estivale, c'est encore pire.

Sans attendre, nous avons donc réagi là où personne n'avait jamais rien fait. Nous avons sanctionné les marchés nocturnes au pied des immeubles, interdit l'usage des terrasses non déclarées et fait la chasse aux tapages nocturnes. Car, ces quartiers sont très pauvres et comptent des taux de chômage significatifs, qui montent jusqu'à plus de 30 %. Souvent, quand on observe ce taux de pauvreté, on oublie que si un tiers des gens sont au chômage, deux autres tiers ne le sont pas ! Et souvent, ceux qui vivent dans ces quartiers n'ont pas des boulots faciles : horaires décalés, travail très tôt le matin, pénibilité... Ils sont d'autant plus exaspérés des nuisances incessantes faites par ceux qui sont souvent leurs coreligionnaires.

Mais voilà : ils ne font pas de bruit, ne hurlent pas auprès des pouvoirs publics pour se plaindre... En tout et pour tout, j'ai dû avoir dix courriers ou emails d'habitants de la Ville Nouvelle se plaignant officiellement des nuisances pendant le mois du ramadan. Ces gens jeûnent toute la journée, prennent un petit moment pour s'alimenter la nuit tombée et se lèvent très tôt pour prendre un petit déjeuner et partir travailler. Ils sont chauffeurs de bus, ouvriers en usine ou dans le bâtiment, employés, souvent avec des horaires difficiles... Le moins que l'on puisse faire est de préserver leur sommeil pendant un mois.

Je me souviens notamment du courrier, puis de la visite d'un homme, agent de maîtrise dans le bâtiment qui devait se rendre à cinq heures du matin sur les chantiers. Musulman, il pratiquait le jeûne du ramadan et devait supporter un bar communautaire situé au rez-de-chaussée de son immeuble toutes les nuits pendant un mois. Il n'était pas le seul de son immeuble à subir ces nuisances, mais fut le seul à me le signaler, sur un ton qui laissait peu de doute sur sa volonté de mettre lui-même physiquement un terme aux nuisances. En prenant la décision de limiter les horaires nocturnes de ce café et d'envoyer la police municipale, il est évident que nous avons eu droit à des plaintes, à des menaces, à des hurlements, à des nuisances répétées, à des intimidations... Il aurait été si simple de laisser cet employé du bâtiment passer des nuits blanches sans rien faire plutôt que de bousculer un ordre établi auquel personne n'avait voulu toucher jusqu'à présent.

En définitive, après quelques troubles durant le premier ramadan du mandat, le retour à la normalité fut obtenu sans heurts particuliers. Le marché nocturne illicite a disparu, les terrasses sauvages et ouvertures de cafés en pleine nuit n'ont pas repris. Les tapages nocturnes sont désormais sanctionnés même s'ils sont encore très nombreux.

Et plus personne ne les conteste. L'année suivante, nous avons rappelé, quelques jours avant le ramadan, la nécessité de respecter le voisinage en ces jours d'été. Sans mentionner explicitement le ramadan dans la lettre que nous avons diffusée, nous avons souhaité faire un rappel préventif déposé dans toutes les boites aux lettres. Immédiatement, les hurleurs ont commencé à hurler au racisme, à l'islamophobie, les intimidations ont commencé. Bien entendu, nous visions cette période particulière, mais aussi les mois estivaux. Bien entendu, face aux hurleurs, les musulmans de la commune ont parfaitement compris, et soutenu le message.

Une nouvelle fois, ce début de mandat était marqué par le courage. Non pas que nous étions particulièrement courageux ou que nos prédécesseurs ne l'étaient pas, mais parce qu'il était une marque de fabrique, un credo : écouter les voix les plus fortes nous mènerait à coup sûr à l'inaction, c'était ici la maladie principale dont, j'en suis persuadé, souffrait la politique et l'action publique en général.

Ce livre va donc explorer, en se basant sur mon expérience de maire de banlieue, la façon dont on peut faire bouger les choses dont on pense qu'a priori elles ne peuvent pas changer. Car au fond, c'est cela que notre pays est devenu : on dit souvent que la France n'est pas réformable, que les Français sont des râleurs qui s'opposent à tout, que nos politiques sont mis sous tutelles de l'Europe ou des marchés financiers.

De ce que l'on présente comme des évidences, on tire la conclusion qui s'impose : il n'y a rien à faire et il ne faut surtout rien faire qui change les choses. Le courage n'est pas valorisé puisque par définition, il est la voie de l'échec. Et lorsque l'on veut donner un exemple marquant de réformes avortées, que cite-t-on ? Toujours la même, la réforme des retraites et de la sécurité sociale de 1995 par Alain Juppé et ses grèves qui sont une sorte d'épouvantail que l'on oppose à toute personne proposant quelque changement que ce soit. Le fait que l'on ne s'interroge pas sur la complète impréparation de cette réforme et sur l'absence de sens politique du Premier ministre de l'époque montre bien que l'on préfère intellectuellement se dire : « Ce n'était pas possible » plutôt que de chercher toute autre explication à cette vague de protestation sociale.

Pourtant, ce qui se passe au niveau local doit pouvoir inspirer l'échelon national. Les courageuses décisions que les maires de ma génération prennent alors qu'on leur disait qu'ils ne pourraient jamais le faire doivent pouvoir se décliner à une autre échelle. Soyons clairs, il n'est pas question de tout reproduire, il n'est même pas question de se substituer à l'État. Mais ces quartiers difficiles dont on parle dans les médias et qui ne sont que des tableaux et des chiffres sur les bureaux des ministres, nous y vivons, nous parlons à leurs habitants, nous les transformons.

Ces populations socialement en grande difficulté ne sont pas pour moi des statistiques, mais des visages, les entreprises qui s'installent sur nos territoires, que nous faisons venir en les aidant au maximum, ne sont pas des rubans que l'on coupe, mais des dossiers complexes sur lesquels nous nous activons énormément. De même, lorsque l'on me parle de séparatisme, d'islamisme, de communautarisme, ce ne sont pas juste des mots que j'entends à la tribune de l'Assemblée nationale, mais des situations concrètes.

Et tous ces dossiers, je fais le choix de les régler alors que personne ne voulait s'en occuper, car évidemment, ce n'était pas possible, car bien entendu, on aurait des oppositions, des recours ou que sais-je encore. Pourtant, il a bien fallu s'y mettre, il a bien fallu faire preuve de courage et faire ce que personne ne voulait plus faire.

Peut-être que tout cela n'a pas été parfait, peut-être que les électeurs me pousseront dehors, bien qu'ils m'aient largement réélu en 2020, mais personne ne pourra dire que je me suis caché par peur, personne ne pourra dire que j'ai lâché sur un dossier sous la pression de ceux qui hurlent le plus fort, couvrant la voix de tous les autres et intimidant la majorité silencieuse.

Ce livre de propositions, je l'ai nommé : « Tout n'est qu'une question de courage », car je pense en effet qu'il s'agit du fléau qui mine le plus notre classe politique. Les propositions que je vais faire sont issues de mes observations en tant que maire d'une commune populaire. Elles ne sont sans doute pas parfaites, elles ne sont sans doute techniquement pas adaptées et nécessiteront un débat et un travail de fond. Mais leur point commun, c'est qu'elles bousculent l'ordre établi, elles touchent à des totems, des tabous, des choses « impossibles à changer ». J'espère que le lecteur pourra se dire en refermant ce livre qu'en effet, pour ces propositions, comme pour l'ensemble de l'action publique dans ce pays, tout n'est en effet qu'une question de courage et qu'il vaut mieux faire que ne pas faire.

Chapitre I

Sécurité : opération reconquête

Je le dis et je le répète depuis longtemps et cela en devient presque un slogan, mais la sécurité est la première des libertés. Quand ces propos sont mis dans la bouche d'un membre du gouvernement, ou d'un chef de file d'un parti politique, on a tôt fait de se dire que c'est de la démagogie et, parfois, on a raison. Sauf que cette expression décrit parfaitement la réalité : dans un quartier populaire, toutes les politiques publiques, tous les efforts en matière de solidarité, de culture, de sport, d'éducation seront ruinés si la tranquillité publique n'est pas respectée.

Vous pouvez mettre tous les équipements possibles, tout l'argent public ou privé du monde, si les gens ont peur de sortir de chez eux, ce sera de l'argent gaspillé. C'est pour cela que les notions d'autorité, de sécurité, ne doivent pas faire peur. Car c'est le socle de toute vie en commun, le socle de tout débat contradictoire et les habitants des centres métropolitains ont souvent du mal à le concevoir. C'est d'ailleurs pour cela que plusieurs leaders politiques parlaient, et parlent toujours de « sentiment d'insécurité ». J'ai la faiblesse de penser qu'ils ne mentent pas délibérément en utilisant cette formule choquante pour les Français. En fait, c'est tout simplement qu'ils n'ont jamais été confrontés à l'insécurité du quotidien, celle que l'on voit dans les quartiers, qui pourrit la vie des gens. L'ancien Premier ministre Lionel Jospin, connu pour avoir parlé de « sentiment d'insécurité », n'était pas incompétent, même si je ne partageais pas du tout sa politique. Je pense surtout qu'il était déconnecté des réalités, car, justement, c'était, comme tant de nos élites politiques, un homme du centre des métropoles qui avait, je le pense, un peu oublié que le pays ne se résumait pas à Paris, à l'île de Ré ou au canton de Cintegabelle dans le sud-ouest. Je vise l'ancien Premier ministre socialiste, mais il est loin d'être le seul. À droite aussi, le parisianisme a fait des ravages et c'est parfois pire, car beaucoup de leaders politiques appartenant à ma famille parlent de tranquillité publique, d'insécurité et de délinquance sans vraiment avoir une idée réelle de ce que cela représente sur le terrain.

Mais, qui dit tranquillité publique dit forces de l'ordre, et qui dit forces de l'ordre dit exigence de perfection. Car oui, soumis à une pression inimaginable, nos forces de l'ordre, surtout celles qui interviennent dans les quartiers sensibles, peuvent parfois déraper. Il faut toutefois, avant de se mettre, comme trop le font, à condamner les forces de l'ordre en bloc, tenter de comprendre ce que ces femmes et ces hommes vivent au quotidien : insultés, provoqués, caillassés, menacés, tel est hélas leur quotidien lors de leurs interventions. Toutefois, ils doivent tenir leur serment républicain en permanence, car la moindre incartade est un symbole qui est exploité immédiatement. Je suis bien placé pour connaitre les provocations incessantes auxquelles nos forces de l'ordre sont exposées. C'est d'ailleurs notamment pour les limiter, j'y viendrai plus loin dans le chapitre, que j'ai fait équiper les policiers municipaux de Rillieux-la-Pape de caméras portatives qu'ils actionnent à chaque interaction avec la population.

La violence des propos tenus à leur encontre, les intimidations physiques et verbales, les regroupements de jeunes qui viennent au contact ne sont donc pas pour moi des légendes ou des choses racontées, mais des images qui sont enregistrées non seulement dans les disques durs, mais aussi dans ma mémoire. Je pense sincèrement qu'un élu qui ne voit pas cela, qui n'en est pas conscient, qui n'a pas ses images, ses mots, gravés dans sa mémoire et dans son inconscient, devrait s'abstenir de critiquer les forces de l'ordre.

Fin 2020, une partie de la France a manifesté violemment contre l'article 24 du Projet de Loi de Sécurité globale, et tout le pays était sous le choc d'une intervention de police, filmée par des caméras de vidéosurveillance, qui a donné lieu à des violences policières inadmissibles sur la personne de Michel Zecler.

Le calendrier politique est parfois capricieux : une vidéo vient alors prouver un manquement grave d'agents de police quand dans le même temps le gouvernement veut encadrer la réalisation d'images sur les forces de l'ordre. Or, sans la vidéo, la parole de Michel Zecler n'aurait sans doute pas pesé grand-chose contre la version des policiers. Ultérieurement, c'est aussi une autre vidéo qui viendra donner un éclairage un peu différent des événements, permettant non pas d'excuser, mais de comprendre pourquoi les policiers ont usé de la force d'une façon qui paraissait complètement démesurée.

Il ne s'agit pas ici de condamner la police dans son ensemble. La Police nationale est une institution qui, comme toutes les institutions, comporte sa part d'humanité et donc d'erreur humaine. Je ne crois pas qu'il y ait un racisme systémique chez les policiers, car ce sont des femmes et des hommes qui viennent de tous horizons, et qui ont à cœur de protéger nos vies au péril de la leur. D'ailleurs, les chercheurs les plus engagés sur le sujet, comme le sociologue classé à gauche Fabrice Dhume, ont justement tendance, et c'est tout à leur honneur, à ne pas accabler la police et à ne pas hurler avec les loups lorsque des sondages d'opinion montrent que les forces de l'ordre portent en majorité leur suffrage vers le Rassemblement National. Sa conclusion, dans le dernier livre collectif qu'il a publié, est que ce vote s'explique surtout parce que le Rassemblement National apparait comme le seul parti qui fasse – de façon complètement démagogue selon moi – du respect de la loi et des valeurs régaliennes sa priorité, ce qui correspond à la principale motivation qui pousse à s'engager au sein des forces de police. Les politiciens et militants de gauche et d'extrême gauche qui hurlent au racisme systémique des policiers ont tendance à lire un peu trop vite les auteurs dont ils se réclament et à en tirer des conclusions beaucoup trop idéologiques.

Si je pense, et je ne suis pas le seul, qu'il n'y a pas de racisme systémique au sein de l'institution policière, j'estime par contre que, comme dans toutes les institutions, les membres sont tenus de respecter des règles. Et tout manquement à ces règles doit être sanctionné.

La véritable question que pose cette affaire Zecler et les manifestations contre la loi sur la Sécurité globale est celle de la relation entre les Français et leur police. Aujourd'hui, force est de constater qu'il existe une certaine part de défiance, même si, dans les enquêtes d'opinion, les Français montrent toujours un soutien aux forces de l'ordre.

Dans notre ère où toute personne disposant d'un smartphone est un média potentiel, où les policiers sont filmés dès qu'ils interviennent et où les images sont souvent coupées et montées en leur défaveur, ces derniers se retrouvent souvent démunis quand il faut prouver de simples faits et les établir devant un tribunal. L'absence de preuve pèse lourd quand le juge doit prononcer des sanctions et forcément, on rentre ensuite dans un sentiment d'impunité qui est souvent vécu comme insupportable par nos concitoyens.

Faisons la transparence en équipant tous les agents de police de caméras vidéo embarquées qui enregistrent toutes les images des interventions ou interpellations. Chaque interaction entre un policier et un individu devrait commencer par la phrase suivante : « *Bonjour, Monsieur, veuillez présenter votre carte d'identité s'il vous plaît. Je vous informe que cette procédure est filmée et enregistrée…* ». À partir du moment où la preuve est constituée, les abus de pouvoir deviennent beaucoup plus difficiles et les accusations frauduleuses deviennent beaucoup moins la norme. Il nous faut entrer dans une ère où la suspicion systématique n'est plus possible et la technologie peut et doit nous y aider.

À Rillieux-la-Pape, j'ai équipé tous nos agents de ces caméras dès 2014. Nous avons été la première ville de France à mettre en place ce dispositif. Dans les premiers mois, nous avons enregistré une baisse de 70 % des outrages à agent. En effet, le simple fait d'être filmé et enregistré a un effet apaisant sur les comportements de chacun. L'effet psychologique de la caméra est important, mais ce dispositif a aussi pour vocation à établir des preuves. Lors d'un point global sur la sécurité en présence des maires du département, le Procureur de la République avait été très clair envers ceux qui déploraient des sanctions trop légères pour les délinquants arrêtés. Il faut des preuves solides et devant un tribunal, la vidéo est une des preuves les plus fortes qui peut pousser le juge à s'assurer de la véracité des faits et donc à prononcer des condamnations fermes.

Cet apaisement et cette transparence avec les forces de l'ordre autorisent un renforcement de leur capacité opérationnelle. Armement, multiplication des effectifs, vidéo protection : avec la confiance, nous avons pu renforcer considérablement notre dispositif de sécurité. Ainsi, Rillieux-la-Pape est devenue la ville de la métropole de Lyon où la délinquance a le plus baissé entre 2014 et 2020 en zone police. Et la population, notamment celles des quartiers les plus sensibles, approuve, faisant ainsi mentir le slogan des black-blocs : « *Tout le monde déteste la police* ».

Notons également que la notion même de vidéo protection, au-delà de celle des caméras portables, a pendant longtemps été un véritable marqueur politique entre la droite et la gauche. Près de Rillieux-la-Pape, plusieurs communes de gauche se faisaient régulièrement tancer par le Préfet et le procureur de la République lors de réunions sur la sécurité parce qu'elles se refusaient à en installer, arguant de problèmes de liberté individuelle. Outre le fait que techniquement, il est tout à fait possible de préserver la vie privée des gens qui sont filmés, l'argument de la caméra liberticide tient-il vraiment ?

Si la vidéo protection permet aux gens d'être plus en sécurité, elle préserve donc la première des libertés, celle qui n'est souvent plus assurée et empêche de toute façon les gens de sortir de chez eux et d'aller et venir librement. Dès lors, la question de la vie privée apparait bien secondaire. Au passage, il est très satisfaisant de constater que la fin des années 2010 a vu des maires de gauche pragmatiques arriver dans certaines villes. Parfois, ce sont des maires déjà installés depuis longtemps qui ont eu le déclic à cette période, finissant par franchir le rubicond et briser les tabous idéologiques dans lesquels ils s'étaient enfermés. Il faut pour cela pointer les responsabilités de certains intellectuels qui ont pendant longtemps paralysé toutes les personnalités de gauche qui voulaient agir face à l'insécurité. Laurent Muccielli, par exemple, qui à travers un cabinet de conseil aux collectivités s'évertuait à convaincre les maires de gauche que la vidéo protection était inutile. On peut aussi citer Sébastian Roché, qui dénonçait dans les années 90 le sentiment d'insécurité à très juste titre et qui depuis a réalisé une volteface difficile à expliquer autrement que par sa mise à l'écart de plusieurs institutions liées au ministère de l'Intérieur, et qui passe son temps à développer un discours selon lequel l'insécurité n'augmente pas et qu'il ne faut surtout pas augmenter les effectifs de police ce qui est vécu comme une provocation par les populations ! Je n'oublierai pas les critiques lunaires qu'il avait faites lorsque la ville de Rillieux-la-Pape avait lancé une consultation citoyenne sur le sujet : c'est à se demander si ce n'était pas un homonyme par rapport à celui qui dénonçait courageusement les propos scandaleux de Lionel Jospin sur le « sentiment d'insécurité ».

Il est au passage toujours assez paradoxal de constater le décalage béant entre les aspirations des habitants des quartiers concernés et celles de la gauche et de l'extrême gauche. Fin octobre 2021, on a tiré sur la police dans le 9e arrondissement de Lyon, à La Duchère dans le but de tuer des agents. Quelques jours avant, en banlieue parisienne, des policiers ont été menacés par des individus armés de couteau hurlant des propos islamistes. Si l'un d'entre eux a été neutralisé par les forces de l'ordre à Colombes, l'autre à Montrouge a été arrêté et relâché avec trois mois de prison avec sursis et sans être immédiatement expulsé du territoire national alors qu'il était demandeur d'asile !

J'imagine que les habitants de ces trois secteurs sensibles préfèrent vivre à l'abri des balles, des couteaux, des trafiquants de drogue et des djihadistes. Au passage, les banlieues populaires portent de plus en plus à leur tête des maires qui s'engagent sur la question de la sécurité et de la tranquillité publique. Ensuite, l'essentiel est de tenir bon et de passer outre les menaces et intimidations. Ayant été victime, ainsi que plusieurs de mes collègues de la région lyonnaise, de menaces de mort non seulement contre moi, mais aussi contre mon épouse et mon enfant, je sais le prix qu'il en coûte. Mais je sais aussi qu'être au plus près du terrain et voir concrètement une situation se calmer est un véritable antidote à toutes les menaces et aide à ne « pas lâcher ». Hélas, je ne suis vraiment pas certain que les ministres et directeurs d'administrations centrales qui ne vivent pas dans ces communes soient capables de se rendre compte de la situation en termes qualitatifs. La politique du chiffre et du pourcentage ne fonctionne plus vraiment et la parole des acteurs de terrains devrait être davantage prise en considération.

La conjoncture a malheureusement défavorablement évolué en 2020 avec notamment le premier confinement. Celui-ci a été redoutable à vivre dans les quartiers et on peut aisément non pas le justifier, mais le comprendre : se retrouver confiné dans un logement social n'a pas la même signification que l'être dans une maison individuelle. La fin du confinement a été l'occasion de fortes hausses de la délinquance dans toute la métropole de Lyon, mais aussi dans tous les quartiers populaires. Pris de cours par cette explosion insolite, il nous fallait prendre des mesures fortes. Toutefois, sur un sujet aussi sensible que la sécurité et malgré une réélection à plus de 66 % au premier tour, nous avons décidé de faire en sorte que les habitants s'approprient la politique sécuritaire. Pour cela, nous avons choisi d'innover en lançant une Grande Consultation Citoyenne auprès des habitants sur le thème de la sécurité.

Un questionnaire a été ainsi distribué dans toutes les boites aux lettres de la ville et mis en ligne pour permettre à tous les Rilliards de s'exprimer durant un mois sur les quatorze mesures concrètes qui étaient proposées, dont certaines sont déjà mises en place.

Avec cinq mille huit cent soixante-treize réponses individuelles, numériques ou par courrier, cette première consultation populaire, qui en appellera d'autres, est une grande réussite. Au passage, cette consultation a bien évidemment été critiquée. Je me souviens notamment des réflexions du sociologue Sébastian Roché qui estimait qu'elle était démagogique. Ce chercheur est pourtant celui qui avait été le premier à critiquer fortement la notion de « sentiment d'insécurité » dans les années 2000, mais force est de constater que nous voyons ici la différence profonde entre le monde de la recherche scientifique et le monde politique. Ce genre de consultations, si elle n'est évidemment pas parfaite, était unique en France et clairement nécessaire pour obtenir un soutien et une légitimité sur un sujet qui allait avoir des répercussions concrètes sur la vie quotidienne des gens. Nous avions aussi besoin de savoir si nos idées étaient partagées et si nous pouvions nous prévaloir d'une solide assise populaire.

Les résultats furent sans appel : environ 80 % des participants soutiennent les mesures proposées.

Alors que Rillieux-la-Pape est en passe de devenir une ville d'expérimentation de l'extension par l'État des pouvoirs de la Police municipale, quatre mille sept cent quatre-vingt-douze Rilliards (81,59 %) s'y sont déclarés favorables. Dans une même proportion, 82,75 % des votants souhaitaient que la ville intègre le dispositif « Quartier de reconquête républicaine » afin que des policiers nationaux supplémentaires soient déployés sur le territoire. Quatre mille sept cent soixante-douze participants (81,25 %) souhaitent que nous poursuivions la politique de recrutement d'agents de Police municipale afin d'atteindre le ratio d'un agent pour mille habitants. Ce genre de réponses n'est pas neutre, car toutes ces mesures sont loin d'être gratuites et organiser ce genre de consultation a aussi permis de rebâtir une forme de confiance et de consentement à l'impôt. Je ne pense pas qu'il faille réaliser ce genre de consultations sur tous les sujets, même si d'autres sont prévues, mais sur un thème aussi marquant et primordial que la sécurité, il était important de s'assurer que les citoyens sachent précisément à quoi l'argent public allait être utilisé.

En matière d'équipement, 81,53 % des participants appellent à un renforcement du déploiement des caméras de vidéo protection et 77,1 % trouvent que l'usage de drone pour prendre en filature les rodéos est une bonne idée.

Concernant les sanctions, la demande d'autorité est forte. Près de 90 % des Rilliards sont favorables à la généralisation et la systématisation des Travaux d'intérêt général pour les auteurs de faits relevant de la petite délinquance. À ce sujet, nous avons passé une convention avec le Procureur de la République pour encadrer cette pratique. Plus de 80 % des participants approuvent la suspension des aides municipales pour les mineurs délinquants et souhaitent l'étendre aux majeurs. À noter également que 85 % sont favorables à l'envoi des petits délinquants en stage citoyen républicain comme c'est déjà le cas à Rillieux-la-Pape. Enfin, à titre indicatif, 78,55 % des sondés souhaitent que l'État autorise les bailleurs à expulser plus rapidement les locataires des logements sociaux qui ne respectent pas la loi.

Mettre fin à l'impunité des délinquants en donnant à la justice les moyens de sanctionner et à la police les moyens d'interpeller est un des défis les plus importants, et les plus cruciaux pour les quartiers populaires, mais pas seulement. La délinquance déborde largement les quartiers populaires désormais et la problématique de l'impunité n'est pas uniquement partagée par les habitants des banlieues. Les agressions, les troubles à l'ordre public sont désormais légion jusque dans les centres des métropoles et il serait intéressant, par exemple de mener de telles enquêtes auprès des populations ayant largement porté au pouvoir des majorités de gauche et écologistes comme à Lyon, Grenoble, Strasbourg ou Bordeaux. Je ne suis vraiment pas certain que les résultats obtenus seraient si différents des nôtres et cela permettrait aux nouveaux élus de ces communes de se rendre compte que la question de la tranquillité publique ne doit pas faire l'objet de calculs politiques : elle est le socle de toutes les politiques publiques, quelles qu'elles soient, et négliger ou instrumentaliser la question de la sécurité se retournera forcément contre celui qui a refusé de s'y attaquer.

Pour revenir à la région lyonnaise, les forces de l'ordre estiment que les endroits les moins sûrs de la métropole ne sont pas spécialement des quartiers prioritaires, mais la place des Terreaux passée une certaine heure de la nuit et bien entendu le quartier de la Guillotière. Il est devenu quasiment impossible de traverser le marché clandestin de ce quartier, y compris en pleine journée, sans risquer une agression. Pour autant, ce quartier central de Lyon ne fait l'objet de quasiment aucune mesure radicale pour mettre un terme aux agissements qui s'y déroulent en plein jour. Il serait simple d'accuser le nouveau maire écologiste de Lyon, mais ce serait oublier l'inaction assez incroyable de la précédente équipe municipale. On se souvient qu'en 2016, un journaliste de Valeurs Actuelles avait dressé un portrait sans concession de ce quartier, mettant en lumière ce que les habitants vivaient depuis des années et le comparant à la localité belge de Molenbeeck connue pour être un berceau de l'islamisme. Les réactions politiques lyonnaises avaient ciblé... le journaliste et son employeur, accusé d'être d'extrême droite. En se réfugiant dans le déni sans réagir, la municipalité lyonnaise de l'époque avait tout simplement fait ce que de trop nombreux élus font : fermer les yeux en espérant que cela passe.

Bien entendu, cela ne fonctionne pas. En matière de délinquance et de tranquillité publique, l'action est toujours préférable à l'inaction. C'est ce que nous avons fait à Rillieux-la-Pape et que mes collègues de Bron, de Meyzieu, de Mions ou de Décines-Charpieu pour ne citer que mes voisins de la métropole ont fait sans hésitation.

Il est à noter ce paradoxe étonnant qui montre aussi le changement de statut de la métropole de Lyon. Un journaliste du Monde s'était montré surpris de voir des rodéos organisés place Bellecour ou rue Édouard Herriot ou encore le marché clandestin de la Guillotière, situé à 100 mètres de l'hypercentre lyonnais. Il avait fait remarquer que si l'on transposait à Paris, cela correspondrait à des rodéos rue du Faubourg Saint-Honoré et à un marché sauvage place de la Concorde. Ces situations n'auraient pas lieu à Paris, car Paris est le lieu du pouvoir et que les rues en question sont protégées par la police, l'armée, et que des actes de délinquance visibles y seraient impossibles.

Au fond, la recrudescence des actions spectaculaires en matière de délinquance dans les centres-villes de métropoles françaises est aussi une forme de passage à l'âge adulte de ces villes et de l'acquisition d'un statut qui en fait des centres locaux de pouvoir et incite les délinquants à s'y manifester violemment. Or, s'ils ne le font pas à Paris, c'est parce que les forces de l'ordre y sont en nombre suffisant. Ce n'est clairement pas le cas à Lyon et dans la métropole. Nous serions donc dans une période de transition, une crise de croissance de certaines villes françaises qui ne disposent pas hélas de forces de sécurité suffisantes. Pendant longtemps, il n'y avait que deux effectifs de police secours disponibles sur la ville de Villeurbanne... Cent cinquante mille habitants ! Quelque part, il faut reconnaître que Gérald Darmanin, en redéployant des effectifs visant à sécuriser Lyon et sa métropole, est peut-être conscient de cela. Le fait d'augmenter les forces de l'ordre demeure absolument indispensable et permettra, je le pense, de traiter cette crise de croissance et ce changement de statut des villes françaises.

Toutefois, soyons très clairs, l'État ne peut pas tout. C'est pour cela qu'il est urgent de repenser le rôle des maires dans l'organisation du maintien de l'ordre sur le territoire de leurs communes. Les polices municipales sont de plus en plus nombreuses et de mieux en mieux entraînées, elles sont de plus en plus impliquées dans ce qu'il y a lieu d'appeler la protection de la voie publique sans qu'il y ait d'énormes conflits de compétences avec leurs confrères de la police nationale.

Il est donc temps de réfléchir dans les grandes métropoles, aux missions de la police municipale. Il est également temps de se débarrasser des idéologies en la matière. La maire de Paris, Anne Hidalgo, fait placarder dans la capitale des annonces valorisant le recrutement de sa police municipale dont elle souhaite renforcer les effectifs. Sauf que cette police ne sera pas armée et que les candidatures sont donc très rares.

Posé ainsi, le problème semble complexe : en quoi le fait de posséder une arme serait motivant pour des candidats voulant assumer des missions de sécurité à Paris ou dans toute autre ville ? On a tôt fait de se dire que décidément les policiers municipaux sont des « cowboys » qui rêvent d'avoir une arme à la ceinture. En fait, rien n'est plus faux. D'abord, parce que les polices municipales armées le sont souvent depuis très longtemps sans qu'aucun incident ne soit signalé. Ensuite parce que les cas d'usage de l'arme de service se comptent sur les doigts d'une main ces vingt dernières années.

La véritable raison qui pousse les policiers municipaux à réclamer une arme de poing est tout simplement d'ordre sécuritaire. On parle de gens qui portent l'uniforme et se sont transformés en cibles non seulement pour les délinquants et fauteurs de troubles, mais aussi pour les terroristes. Or, aller au contact et adopter un comportement violent face à un policier armé d'une arme potentiellement létale est nettement plus rare. Quand on risque potentiellement sa vie, on a tendance à réfléchir à deux fois avant d'adopter un comportement irresponsable. Hélas, nous en sommes arrivés là : une arme de poing est dissuasive en elle-même.

C'est aussi la raison de la multiplication des brigades canines, la ville de Rillieux-la-Pape n'y fait pas exception. On s'attaquera à un policier, on l'insultera et le caillassera, car inconsciemment, on sait qu'il est tenu à un règlement, une éthique professionnelle et qu'il y a malgré tout peu de chances d'avoir une réaction disproportionnée de sa part. Lorsqu'il s'agit d'un chien, même très bien dressé, le réflexe est le même et force est de constater que les violences à l'égard de brigades canines sont beaucoup plus rares. Le sous-équipement de la police municipale fait donc d'eux des cibles et imaginer que les doter d'une arme à feu va en faire des justiciers ne tient pas à l'épreuve des faits. Les villes de Villeurbanne et Vaulx-en-Velin, dont les maires sont de fervents soutiens d'Anne Hidalgo, ont trouvé le courage d'aller au-delà de cette idéologie et ont autorisé l'équipement de leurs polices municipales en armes de poing, ainsi que le recours à la vidéo protection. Ce pragmatisme, dont j'espère avoir été quelque part l'inspirateur tant j'ai mis cette problématique au centre du débat politique et médiatique local à l'époque, semble ne pas être regretté par les maires qui en ont fait leur choix.

La police municipale, sous ordre direct du maire est un complément idéal au travail de la police nationale en maintien de surveillance de la voie publique afin, justement, de réagir promptement en cas d'actes de délinquance. Il est désormais possible d'héberger les polices nationales et municipales au sein des mêmes locaux. On sait parfaitement que ce genre de pratique est extrêmement positive en termes de coordination et de réactivité.

Une nouvelle fois, on entend que ce n'est pas à la police municipale de faire ce travail, mais ceux qui disent ce genre de choses sont souvent des chercheurs, des universitaires ou des politiciens parisiens qui ne connaissent en rien la réalité du terrain. Prenons l'exemple le plus flagrant : la vidéo protection.

Des caméras commandées à distance sont installées par la mairie en des lieux choisis en concertation avec la police nationale. Les caméras sont commandées à distance et les images visionnées en un lieu appelé le Centre de Supervision Urbaine (CSU). Concrètement, un mur d'écran se présente face à des agents assermentés, souvent des Agents de Surveillance de la Voie Publique qui pilotent les caméras et relèvent les faits qui leur paraissent suspects, constituant des preuves quand ils estiment que cela est nécessaire. En cas de faits nécessitant une intervention immédiate, le CSU prévient un équipage de police municipale ou la police nationale pour intervenir au plus vite en donnant le maximum de détails sur la situation. Les interventions sont rapides et beaucoup plus efficaces.

Mais concrètement, qui a collecté les images ? Qui a estimé qu'une situation méritait que l'on intervienne ? J'ai le souvenir de plusieurs trafics de drogue démantelés grâce au coup d'œil de l'opérateur vidéo, qui est un agent municipal assermenté. Autrement dit, on empiète ici allègrement sur le rôle de l'enquêteur et de l'officier de police judiciaire. Des exemples de ce type, où la preuve décisive qui permet une interpellation puis une condamnation est obtenue par l'action d'agents municipaux, il y en a des centaines chaque jour. Mais dans l'esprit des chercheurs et des théoriciens bien cachés dans leurs bureaux, les policiers municipaux ne sont pas de « vrais policiers ». En de nombreux aspects, ils n'ont pas le même rôle que les policiers nationaux. Ils ne mènent pas d'enquête, n'ont pas de rôle direct contre la criminalité, ne sont pas habilités à procéder à une arrestation... Pour autant, le réel est têtu : les images vidéo qui permettent tant d'arrestations et d'interventions sont collectées par des policiers municipaux.

De même, les grandes métropoles disposent toutes d'un réseau de transports en commun plus ou moins perfectionnés. Ces réseaux de transport en commun sont tous sous vidéo protection et disposent de centres de supervision urbains gérés parfois par l'opérateur privé qui joue exactement le même rôle que la police municipale en lançant l'alerte quand il constate que les choses dérapent. Sur le réseau Sytral de Lyon, ce sont des milliers de caméras qui sont supervisées à distance. Et de la même façon, la police nationale intervient sur alerte d'agents qui ne sont pas des policiers, sans que personne n'en soit choqué.

Il est donc désespérant d'assister à ces débats d'arrière-garde expliquant doctement que les policiers municipaux doivent rester cantonner aux amendes de stationnement alors que ce sont eux qui déclenchent la plupart des interventions de leurs collègues de la police nationale sur la voie publique ! Dorénavant, il y a fort à parier qu'enfin cela va changer avec ces regroupements sous le même toit. Loin de tous les débats moraux, loin des leçons des sachants installés bien au chaud dans leurs bureaux protégés, les forces de sécurité vont s'organiser pour plus d'efficacité et les maires auront désormais un rôle opérationnel.

Pourquoi est-ce si important d'accélérer ce phénomène ? Parce que pendant des années, les maires se sont rabattus sur l'État lorsque la tranquillité publique n'était plus assurée dans leur commune. On se souvient d'Éric Piolle, maire de Grenoble, qui, après avoir supprimé la vidéo protection et retiré un maximum de missions aux policiers municipaux, s'émouvait devant la presse alors que ses quartiers s'enflammaient et que les agressions quasi quotidiennes faisaient de sa ville une des plus dangereuses de France. Se décharger sur l'État est facile et rend le ministère de l'Intérieur responsable de tous les maux. Les électeurs se laissent encore tromper par un tel discours et en définitive, votent pour le maire qui pleurera le plus fort.

Or, en rendant le maire au moins en partie politiquement responsable de la sécurité sur son territoire, on obtiendra au moins une certaine cohérence entre les complaintes et les actes concrets. Car si les électeurs pensent que le maire aurait pu faire mieux en termes de lutte contre l'insécurité, ils le lui feront payer politiquement. C'est un principe de responsabilité qui devrait convenir à tout le monde. C'est pour cela qu'au-delà du regroupement des effectifs nationaux et municipaux dans des locaux communs lorsque cela est possible, je propose que le maire soit considéré comme coresponsable en cas de manquement en termes de moyens. Cela paraît peut-être démagogique, mais force est de constater que la décentralisation est faite pour cela : donner le pouvoir à ceux qui sont à l'échelon le plus adapté pour l'exercer et surtout qui ont une forme de légitimité à l'exercer. Ayant l'onction du suffrage universel, le maire de la commune est tout à fait légitime à répondre de ses actes en termes de tranquillité publique. Cela aura au moins le mérite d'éviter les larmes de crocodile et les complaintes lamentables auprès de ministères. Se renvoyer la balle ou la patate chaude n'a jamais fait avancer un dossier. Il est temps que la tranquillité publique soit de la responsabilité directe – au moins partagée –, de la puissance publique locale. Rappelons que quand cela chauffe, ce sont les maires qui font face aux victimes et aux habitants désespérés, pas les ministres et les hauts fonctionnaires et encore moins les chercheurs en sociologie.

Toutefois, la répression est loin d'être le seul pilier de la tranquillité publique. On parle beaucoup de prévention et c'est un terme que j'affectionne particulièrement même si souvent il est galvaudé. Car on considère un peu trop souvent que la prévention au niveau local consiste en la création de structures socioculturelles ou associatives supplémentaires, ce qui n'est parfois pas inutile, mais on oublie un peu trop la base de toute civilité. Et cette base, c'est l'éducation. Pour retrouver cet équilibre entre les droits et les devoirs, l'école doit à nouveau tenir sa promesse de l'égalité des chances censée être garantie par l'éducation. Cette égalité des chances doit récompenser le travail et déjouer le déterminisme social.

Chapitre II

Pour une éthique de la sanction

Être maire de banlieue, c'est être confronté à de l'humain. On y voit l'homme dans ce qu'il a de meilleur, mais on voit également sa face sombre. Les quartiers populaires, ce sont aussi des trafics, de la délinquance, des incivilités, des dégradations qui nuisent et souvent empêchent des initiatives de se développer, qui nuisent aussi à l'émergence de profils exceptionnels, qui deviendront des modèles pour leurs pairs, qui prouveront au monde entier que personne n'est condamné définitivement par son lieu de naissance. Car tout le problème est ici : combien de talents gâchés, étouffés par l'enfermement et l'assignation au sein du quartier ? Combien de personnalités qui n'ont pas pu s'exprimer, qui ont été reléguées ? Combien de profils intéressants qui sont tombés dans la délinquance sans jamais pouvoir en sortir, dérapant ensuite parfois vers la radicalisation religieuse ?

La délinquance est un fléau, les trafics sont des fléaux, les incivilités sont des fléaux, mais une fois que l'on dit cela, qu'a-t-on réglé ? La plupart du temps, les observateurs, bien éloignés des réalités, disent qu'il n'y a qu'à appliquer la loi. Cela, je l'ai entendu des milliers de fois dans les talk-shows : « *Il n'y a qu'à appliquer la loi et nettoyer ces quartiers* ». L'autre propos de comptoir consiste à répéter qu'il faudrait « *envoyer l'armée* ». On a même un ancien président de la République qui parlait de nettoyer la racaille à l'aide d'un jet à haute pression bien connu. Ces mots reflètent une volonté indéniable... Jusqu'à ce que vous y soyez confronté. Car que résoudrait l'armée ? À quoi servirait-elle ? La mission de l'armée, ce pour quoi elle est entraînée, c'est la protection du territoire, la défense nationale, les opérations extérieures. Y a-t-il vraiment en France des gens qui pensent que l'armée pourrait faire quoi que ce soit en se retrouvant dans la même situation que la police ? En cas de caillassage de leurs véhicules, imaginent-ils que les militaires répliquent à balles réelles ? Ces gens-là veulent-ils des escadrons de la mort dans les quartiers ? Car en définitive, ce genre de phrases un peu prononcées rapidement sous le coup de l'émotion impliquent, si elles étaient suivies de faits, que les militaires engagent un combat. Mais un combat contre qui ? En définitive, les choses sont plus complexes qu'elles n'y paraissent : la politique ne peut se résumer à des conversations de comptoir qui, si elles ont un intérêt, ne résolvent souvent pas grand-chose, mais sont davantage l'expression d'une certaine frustration, le constat d'une certaine impuissance.

Car oui, quand on est maire, on est confronté à ce qu'il y a de mieux, mais aussi à ce qu'il y a de pire. En quelques années, j'ai eu mon lot de décès, de blessures graves, d'agressions, de harcèlement. J'ai été confronté, chaque matin, à la lecture souvent difficile à supporter des rapports de la police municipale relatant des faits, des infractions, des interactions plus que complexes. J'ai aussi eu droit à des pétitions, parfois très vastes, de barres entières d'immeubles de logements sociaux me demandant de faire quelque chose contre la délinquance, contre ceux qui pourrissaient leur quartier. Quand on en arrive à ce stade quand des habitants très différents demandent qu'il se passe quelque chose, ils se tournent bien évidemment vers leur maire, même si, nous le verrons, l'élu local n'a pas vraiment de pouvoir en matière de justice.

Il y a quelques années, une tour entière du quartier de la Velette s'était donné rendez-vous dans mon bureau, ou plutôt, dans une salle de réunion attenante tant l'assistance était nombreuse. Ce n'était pas la première fois que des riverains se plaignaient de l'insécurité, mais c'était la première fois que l'assistance était à ce point virulente. Dans mon souvenir, il n'y avait que des femmes, visiblement d'origine immigrée, qui nous suppliaient de faire passer la police municipale plus souvent et de punir sévèrement ceux qui pourrissaient la vie des habitants. Cette frustration et cette rage étaient vraiment audibles et perceptibles, une nouvelle fois, les riverains se tournaient vers l'acteur de proximité, pas forcément celui qui tient les rênes du pouvoir puisqu'en matière de police judiciaire, de justice et de logement, les responsabilités du maire ne sont que subsidiaires. Pourtant, comme toujours, comme systématiquement, c'est en mairie que ce genre de choses se traitent, face à un acteur dont ils savent bien qu'il ne peut pas faire grand-chose, mais qui se trouve à leur portée.

Je me souviens aussi qu'une de ces dames, lors de cette fameuse réunion, une retraitée d'origine algérienne, m'avait publiquement demandé de « *virer les Arabes* » et de les remplacer par des « *blonds* », s'excusant ensuite de la maladresse de sa formulation. Cela rappelle cette scène du Président de la République à Montpellier, pris à partie par une dame déplorant que dans son quartier plus personne ne s'appelle Pierre. Ce genre de dialogue, les maires de banlieue les vivent tous les jours ou presque. Simplement, les répéter publiquement est contraire au dogme du politiquement correct et nous ferait passer pour d'abominables racistes. Je me souviens encore de la maladresse de Jean-François Copé quand il avait mentionné, lors d'un discours, des propos qui lui avaient été tenus dans sa commune de Meaux à propos de jeunes qui se faisaient confisquer leurs pains au chocolat en période de ramadan. Cette phrase le poursuivra toute sa vie, tout cela parce qu'il l'a répétée.

Pour en revenir à cette réunion, cette dame d'origine algérienne voulait tout simplement dire qu'il était insupportable que des délinquants multirécidivistes participant aux échauffourées nocturnes rendant impossible la vie dans le quartier soient toujours logés au sein de cet immeuble alors qu'ils avaient été arrêtés à de multiples reprises. Outre le fait que le problème persistait, les délinquants en question se sentaient invulnérables, puisque personne ne pouvait rien contre eux. Autrement dit, ils pouvaient être de plus en plus agressifs, de plus en plus violents, de plus en plus bruyants, l'autorité n'existait plus et surtout les sanctions étaient complètement inopérantes : la justice ne faisait tout simplement pas son travail.

Ce genre de phrase : « *Virez-les* », et surtout l'approbation des dizaines de mères de famille qui entouraient cette dame avec qui j'ai sympathisé depuis m'a fait prendre conscience d'une chose : il suffit d'une famille dans une barre d'immeuble pour créer une ambiance délétère, pour rompre toute envie de faire un effort collectif. Il suffit de quelques personnes par tour pour que les dégradations soient régulières, pour que plus rien ne fonctionne et pour que la vie de dizaines d'honnêtes gens soit gâchée. Et surtout, ce sentiment d'impunité laisse ensuite la place à un comportement de résignation de la part des habitants : à quoi bon aller voir les fauteurs de troubles si on sait que l'on prend un risque pour son intégrité physique ? À quoi bon appeler la police si l'on sait que les délinquants seront relâchés quelques jours après et seront toujours des voisins de palier ? Car en définitive, le problème est là : porter plainte contre des voisins de palier délinquants et violents, c'est un véritable risque qui est pris. Et s'il n'y a aucune réponse pénale, le lanceur d'alerte risque gros.

Ce genre de plaintes d'habitants sont courantes, notamment au moment du ramadan. À Rillieux-la-Pape, comme dans beaucoup d'autres quartiers prioritaires, l'urbanisme fait que des caisses de résonnance se créent en bas des tours, et que le moindre bruit dehors, surtout pendant les moins d'été, empêche les habitants de dormir. La période du ramadan est propice à ce genre de débordements nocturnes puisque les fidèles musulmans mangent après la tombée de la nuit, ce qui ne pose en soi aucun problème particulier. Je suis d'ailleurs régulièrement invité à des ruptures du jeûne où je me rends chaque année avec plaisir sans que cela ne gêne grand monde. Sauf que les festivités durent parfois bien au-delà du raisonnable et que les habitants qui travaillent vivent souvent un enfer, surtout quand eux-mêmes pratiquent le jeûne et ont donc besoin de se reposer pour tenir leur journée de travail tout en préservant leur santé.

Au début du mandat, il existait même un marché sauvage nocturne au pied des barres d'immeuble qui durait toute la nuit pendant un mois, des barbecues étaient organisés jusqu'au petit matin, des terrasses de café sans aucune autorisation ouvraient jusqu'à des horaires indécents. Le problème, c'est que ceux qui faisaient du bruit jusque tôt le matin, étaient les voisins de ceux qui voulaient dormir tout en respectant le jeûne du mois sacré. À partir du moment où ce constat était établi, aucune solution n'était possible puisqu'aucune sanction concrète ne pouvait être prise. Une fois encore, tout n'était qu'une question de courage politique, mais avouons que face à de telles situations, reculer et fermer les yeux paraissait souvent l'option la plus sage. Telle ne fut pas celle que nous avons choisie.

C'est en effet peu connu, car il s'agit d'un non-dit, mais la plupart des plaintes à propos de tapages nocturnes pendant ce mois sacré pour les musulmans émanent de… musulmans, qui veulent tout simplement dormir. De même et sur un sujet un peu différent, les épisodes de rodéos estivaux sont d'autant moins appréciés que leurs auteurs sont connus, souvent arrêtés puis aussitôt relâchés et semblent jouir d'une impunité qui est d'autant moins acceptée que ceux qui s'adonnent à ce genre de pratiques vivent dans des logements sociaux et ne sont jamais vraiment inquiétés. Pour autant, comme je l'ai mentionné au préalable, qui peut trouver le courage d'aller parler à son voisin qui se laisse aller à de pareils débordements ? Qui prendrait le risque de subir des représailles, du harcèlement, en sachant que personne ne le défendra.

Ces simples constats, dont l'énumération pourrait faire l'objet d'un livre entier, laissent un arrière-goût amer au maire quand il fait face à ceux qui sont les premières victimes de ces fauteurs de troubles.

En effet, combien de fois des délinquants archiconnus de nos services de police sont-ils libérés après interpellation ? Comment expliquer aux habitants du même immeuble que leur voisin qui deale, fait du rodéo, intimide, ouvre la porte du hall aux voyous, soit libéré à peine interpellé ? Que comprennent ces gens qui vivent souvent dans des quartiers à loyers modérés ? La plupart du temps, c'est assez facile à deviner quand on est sur le terrain : ils sont les premiers à penser que c'est une volonté délibérée de notre part ou de celle des bailleurs sociaux. En définitive, ont-ils complètement tort ? Peut-on s'interroger sur la volonté de la justice qui ne se préoccupe pas des conséquences que peut avoir le fait de relâcher systématiquement les multirécidivistes ? Une nouvelle fois, on constate que les juges n'habitent pas dans ces quartiers, que les délinquants qu'ils relâchent bien vite ne sont pas leurs voisins de palier ; gageons qu'ils agiraient sans doute plus fermement si c'était le cas.

L'insécurité n'est donc pas que sociale, loin de là. Quand l'insécurité du quotidien se manifeste à travers la figure menaçante du voisin de palier qui semble bénéficier d'une impunité complète, il faut que la puissance publique intervienne. C'est pourquoi pour protéger ces personnes déjà fragilisées, nous devons absolument faciliter l'expulsion des familles de délinquants des logements sociaux. Désormais, la loi le permet, mais c'est d'abord une question de volonté politique. On se souvient notamment de la mobilisation médiatique d'une mère de famille sur Nice qui allait être expulsée à cause des manquements répétés de son enfant. Sans doute qu'humainement, cette décision allait avoir de graves conséquences sur cette famille, sans doute allait-elle devoir faire un effort particulier pour être relogée, mais les médias qui tendent le micro à des personnes pensent-ils à l'immense soulagement des riverains, débarrassés d'une famille qui les empêchait de vivre une existence normale ? Il en va en fait de la définition même de ce qu'est un logement social, de la façon dont la République présente le fait d'attribuer un logement social à une famille bénéficiaire. Une fois encore, au risque de me répéter, nous nous trouvons en pleine problématique sur les droits et les devoirs.

Le logement social est un effort collectif pour permettre aux plus modestes de se loger dans les zones de tension, il n'est donc pas question de remettre ce principe en cause, surtout à l'heure où le prix de l'immobilier devient une véritable frontière sociale dans les grandes métropoles ainsi que l'explique très bien le géographe Christophe Guilluy. Il serait même plutôt question d'améliorer l'habitat social, de le revaloriser pour permettre de mixer davantage les populations qui y sont accueillies, mais là n'est pas le problème que nous évoquons ici.

Cet effort est certes consenti, mais il ne faudrait pas que la solidarité se brise sur la défiance. Si vous êtes persuadé que le logement social bénéficie trop largement à des délinquants, vous formulez un amalgame dangereux pour les personnes qui y vivent. Or, en excluant les délinquants de cette solidarité, il ne sera plus possible de stigmatiser les « quartiers ». C'est typiquement un cercle vertueux que l'on peut créer. Au fond, qui n'a jamais de doute lorsqu'il doit se rendre en un lieu situé au sein d'un quartier ? Qui n'a pas une arrière-pensée en pensant au dernier fait divers, à la dernière flambée de violence dont il a entendu parler dans la presse, à la télévision ou sur les réseaux sociaux ?

Une nouvelle fois, combien de jeunes méritants se voient reprocher une adresse sur leur CV, qui éveille forcément la suspicion ? Et à quoi est due cette défiance si ce n'est au fait que chacun sait que, hélas, ces quartiers sont gangrénés par quelques familles qui semblent ne jamais pouvoir en partir ? Le vrai problème est là : prêcher pour la mixité sociale, sur le mélange des populations ou sur quelque belle idée que ce soit sera toujours un prêche dans le désert si rien n'est fait pour que ceux qui pourrissent les quartiers en soient chassés légalement.

Or aujourd'hui, ces procédures d'expulsion prennent plusieurs années et les bailleurs sont extrêmement limités dans leur action. Il faut leur rendre justice, ils font souvent d'énormes efforts pour procéder aux expulsions, car en définitive, c'est aussi leur nom qui est associé à ce genre de dérives, ils ont donc la plupart du temps tout intérêt à éviter de rendre leurs logements collectifs inhabitables à cause de quelques-uns. Toute personne ayant participé à une commission d'attribution de logement social sait parfaitement que de nombreuses familles préfèrent passer leur tour et renoncer à ce droit parce que la proposition qui leur ai faite est une installation dans un ensemble collectif que quelques familles de délinquants tiennent en coupe réglée.

Expulser n'est pas si simple et je peux aisément en témoigner : à chaque fois que nous avons pu le faire, nous l'avons fait, mais la réglementation est à ce point complexe que quasiment rien n'est possible et que nous ne pouvons le faire qu'au compte-goutte et à un rythme extrêmement lent qui désespère l'immense majorité des habitants qui sont victimes de ces quelques nuisibles. Sans oublier que souvent, l'expulsion proprement dite arrive des mois, voire des années après les faits, ce qui rend les choses encore plus difficiles à comprendre.

Les conditions de vie de ces quartiers vieillissants ne sont déjà pas faciles, on ne peut pas laisser quelques-uns pourrir la vie de la grande majorité de ces habitants qui n'aspirent qu'à vivre paisiblement. Cette menace responsabilisera peut-être les parents qui ne s'impliquent pas dans l'éducation de leurs enfants, qui commencent désormais à trainer dans la rue dès l'âge de trois ans pour certains. En fait, il s'agit d'une mesure qui devrait faire bien plus que déresponsabiliser les parents. Souvent, les faits délictueux sont l'œuvre d'adolescents ou de jeunes adultes. La simple menace de les sortir du quartier peut même suffire à les calmer. Évidemment, ce n'est pas cela qui va aider à leur donner les règles élémentaires de vie en société ou de leur permettre un épanouissement par le travail ou les études, mais au moins, cela permettra de tranquilliser le voisinage qui, désormais, osera porter plainte sans être constamment terrorisé à l'idée d'hypothétiques représailles. Entre se battre ou fuir le quartier, nous devons être capables de faire en sorte que l'option de la résistance soit offerte à ceux qui aspirent à vivre en toute tranquillité.

Car les dispositifs sociaux existent, le fameux filet de protection sociale à la française fonctionne plutôt bien, les services publics ne sont pas en voie de disparition. Du côté des aides apportées aux familles les plus modestes, force est de constater que ce que nous offrons en France, si ce n'est pas parfait, est tout à fait enviable. Cependant, nous touchons ici un point qu'il est toujours sensible d'évoquer : si chacun à des droits et des devoirs, rien n'est acquis par avance et parfois, la collectivité doit prendre sur elle et assurer un accompagnement. Car bien davantage qu'une aide financière, c'est aussi un accompagnement personnalisé qui permet l'épanouissement, l'émancipation, et finalement, la possibilité d'emprunter l'escalier social, pour sortir par le haut d'une situation de précarité professionnelle ou familiale.

En effet, parmi les familles que l'on a vite fait de taxer de « laxistes », il y a souvent un problème qui va au-delà de la

« démission » ou du « laisser-aller ». Il est aussi souvent question de simple manque au niveau des apprentissages basiques de la citoyenneté, et notamment du principe de responsabilité. Si, sur Rillieux-la-Pape, nous avons mis au point beaucoup de dispositifs d'aide de type socio-éducatif ou socio-culturel, il manquait un point important, qui constitue la base de la vie en collectivité : l'apprentissage de la responsabilité. Ce n'est pas qu'un mot, mais une réalité : les services sociaux et médico-sociaux sont assez formels : les subventions et aides sociales ne servent pas à grand-chose si elles ne s'accompagnent pas d'une forme de tutorat pour aider des familles en grande difficulté sociale.

Car la responsabilisation des parents et l'accompagnement à la parentalité ont un rôle déterminant dans la lutte contre la délinquance. Et en fait, cette notion fait souvent défaut, pas toujours pour des questions de mauvaise volonté ou de rébellion contre l'autorité, mais bien parce que cela n'a jamais été appris et quand cela a été appris, force est de constater que cela n'a pas été assimilé. Au passage, il ne faut pas juger trop vite ces familles. Parfois, on parle de primo-arrivants qui sont des étrangers fraichement arrivés dans notre pays, dont la culture est éloignée de la culture française et à qui nous devons offrir les clés de l'intégration. Cela vaut aussi pour des familles socialement très défavorisées, dont les priorités sont souvent de l'ordre de la survie. Il s'agit plus généralement d'une des failles de l'intégration dans notre pays : si beaucoup est prévu pour les personnes en difficulté, on n'est plus capable d'expliquer aux gens ce qu'il faut faire pour intégrer pleinement la société française. Cela entraîne un sentiment de frustration : celui de personnes qui, faute d'être accompagnées, ont simplement l'impression que la France est un guichet qui leur donnera de quoi survivre, mais ne leur permettra jamais de s'en sortir pleinement.

Quand la justice est défaillante, quand on a le sentiment que l'on peut faire ce que l'on veut sans en subir aucune conséquence, quand l'autorité est contestée en permanence, alors plus aucun acte n'a d'importance. Souvent, quand je convoque les jeunes mineurs délinquants avec leur famille, je m'aperçois que le plus compliqué à faire passer, ce n'est pas spécialement le fait qu'il ne faille pas commettre d'actes illicites, mais davantage que cela peut avoir une conséquence, qu'il faut être responsable. Le psychiatre Maurice Berger l'explique bien dans son ouvrage : les jeunes qu'il voit dans le centre éducatif renforcé qu'il dirige n'ont jamais été mis face aux conséquences de leurs actes jusqu'à ce qu'ils se retrouvent face à lui, après d'innombrables signalements. Quand cela arrive, il est hélas souvent trop tard et la contrainte physique est souvent le seul moyen de contenir cette explosion de rage et de violence qui émane d'enfants et d'adolescents dont la jeunesse et le manque de possibilité de s'exprimer, dans le sens où ils n'ont souvent pas le vocabulaire pour décrire la cause de leur colère, sont les principales caractéristiques. La violence est donc, pour Maurice Berger, aussi une question d'incapacité à verbaliser qui entraîne l'ignorance de ce qu'est la sanction réelle. Il s'agit pleinement d'un problème culturel, un problème d'intégration. On parle ici de la définition initiale de l'intégration, à savoir l'entrée d'un groupe minoritaire dans le groupe majoritaire. Il est en effet trop facile de résumer l'intégration à l'acquisition de la nationalité : disposer d'un passeport français ne fait pas de son titulaire, même après plusieurs générations, quelqu'un d'intégré dans la société, surtout s'il est incapable de s'exprimer correctement dans la langue et plonge dans un système où la réponse à toute frustration est un recours systématique à la violence physique.

Voilà pourquoi nous avons mis en place un système innovant à Rillieux-la-Pape qui place la famille du délinquant en face de ses responsabilités. Quand un mineur commet un délit ou est régulièrement signalé par les forces de l'ordre pour son comportement, je convoque la famille et je leur propose de choisir entre un suivi pédagogique ou la suspension des aides municipales (aides au permis de conduire, tickets sport et culture, bons alimentaires ...). Cela a évidemment été critiqué par une partie de la gauche, mais à la réflexion, cela demeure un moyen de déclencher un accompagnement qui pourra permettre au jeune, et surtout à sa famille, d'acquérir les clés de la vie en société, d'apprendre les codes qui lui permettront de s'intégrer pleinement dans notre société et d'éviter que de telles mesures ne se reproduisent.

Il n'y a en effet pas de raison de venir en aide aux familles qui ne tiennent pas leur engagement d'élever leurs enfants. Par contre, et c'est tout le problème de ce type de sanctions, nous ne souhaitons pas non plus qu'un schéma de violence se reproduise au sein de la famille. Élever son enfant, ce n'est pas le contraindre par la violence ou en lui hurlant dessus, car en définitive, ce sont des schémas qu'il reproduira lui-même. Il doit donc y avoir un accompagnement vers un apprentissage de la responsabilité. Nous restons donc à la disposition des jeunes et de leurs familles pour les aider à accomplir leur mission. Elles ont donc le choix et systématiquement, elles choisissent d'être accompagnées.

Bien davantage qu'un quelconque « deal », on se trouve ici face à la notion de responsabilité : si on ne change pas de comportement, si on ne cesse pas un comportement qui dérange tout le monde, on en assumera les conséquences. C'est la base de la responsabilité, cette notion qui, souvent, est complètement absente de l'esprit des familles que je reçois. Mais une nouvelle fois, ce n'est pas uniquement de leur faute, mais aussi celle de tous ces garde-fous qui n'ont pas fonctionné, tous ces dispositifs qui auraient dû leur apprendre, leur inculquer, y compris par la contrainte physique au sens où l'explique Maurice Berger, ce qu'est être responsable de ses actes. En arriver à cet accompagnement permet d'ajouter un échelon de prévention supplémentaire et, clairement, de redonner espoir à des familles qui forcément étaient, sans oser le demander, sans en être parfois complètement conscientes, en forte demande d'aide.

Le suivi pédagogique consiste en un accompagnement en partenariat avec la Maison de la Famille et de la Parentalité pour remettre dans le droit chemin le jeune. Il s'agit d'un travail partenarial qui associe tout le monde et permet de changer l'état d'esprit dans lequel les enfants sont élevés. Il s'agit aussi, quelque part, de redonner foi en l'école, en l'éducation, en la valeur travail, en la République et en l'État de droit. En plus de cet accompagnement, le délinquant effectuera un stage citoyen avec l'association « Laissez-Les Servir » où il apprendra la vie en collectivité, la discipline et les valeurs de la République. Au cours de ces stages, les jeunes se lèvent tôt, dorment dans des tentes, se font à manger, portent un uniforme, lèvent les couleurs et effectuent des travaux d'intérêt général dans des communes rurales. Ce n'est pas une punition, en tous cas, ce n'est pas vécu ainsi. Cet encadrement, qui ressemble un peu à ce qui se pratique dans l'armée, peut être beaucoup plus bénéfique pour le jeune que mettre en application des propos simplistes et faire intervenir la force militaire dans les quartiers, ce qui, je le pense très sincèrement, ne correspond en rien aux missions de notre armée. Plusieurs reportages ont été réalisés durant des stages de ce type. Les jeunes ne sont pas rudoyés, mais ils apprennent des valeurs simples, on donne un sens à leur action, ils apprennent la gratitude, la patience, l'effort. De même, les encadrants leur répètent régulièrement l'importance de travailler à l'école, d'étudier pour s'en sortir par le haut. Nous sommes clairement dans l'acquisition de valeurs qui correspondent à ce que la société française peut offrir : il s'agit d'une forme de passerelle vers l'intégration.

Pour élargir cette logique mise au point localement, il serait opportun de suspendre les aides de l'État aux familles de mineurs délinquants à moins qu'elles ne s'engagent à suivre un programme d'éducation à la parentalité pour les parents et des travaux d'intérêt général encadrés pour le jeune. Là encore, la solidarité nationale a le droit d'exclure ceux qui ne respectent pas la loi ou qui ne le recherchent même pas. Cette exclusion protégera les bénéficiaires des aides sociales des amalgames qui sont parfois formulés par ceux qui n'ont rien de mieux à faire que de railler notre nécessaire solidarité nationale. Car non, répétons-le autant qu'il le faudra, les aides sociales n'entretiennent pas la délinquance ou en tout cas, elles ne doivent pas le faire sous peine de faillir gravement à l'esprit de ce qu'est notre Cinquième République.

La prévention et la sanction ne sont donc pas à opposer. Elles vont de pair. Si les programmes de travaux d'intérêt général, la suspension des aides ou les mesures d'accompagnement ne suffisent plus, la case prison est inévitable. Il s'agit du stade ultime et indispensable de l'arsenal répressif, car il faut être très clair : la prison est, pour les jeunes tentés par la délinquance, l'épouvantail absolu, mais encore faut-il que cet épouvantail soit tangible et réel. Car malheureusement, et une nouvelle fois, c'est Maurice Berger qui en parle le mieux, c'est la première sanction qui fixe la limite à ne pas dépasser. Le fait de ne pas recourir à une peine de prison, même courte, en cas de délit qui en serait passible, ne fait qu'entretenir l'illusion dans l'esprit du jeune que de toute façon, il ne lui arrivera jamais rien et qu'il peut indéfiniment continuer à défier l'ordre et la loi.

Dans le pays de Victor Hugo, il est mal vu de parler de prison. Or il manque aujourd'hui quinze mille places de prison, que cela soit en maison d'arrêt ou en centrale. Les places de prison doivent suivre la même logique que celle des lits dans les hôpitaux. Quand il y a trop de malades, on ouvre des lits, on évite de laisser dehors les personnes nécessitant des soins. Eh bien, quand il y a trop de délinquants, on ouvre des cellules. Bien entendu, tout comme les lits d'hôpitaux ne sont pas simplement des matelas et du matériel médical, mais aussi des personnels formés, les cellules de prison ne sont pas que quatre murs et un matelas, il faut aussi qu'un personnel formé puisse prendre pleinement part à cette mission. Je me souviens d'un slogan qui m'avait marqué et qui visait à inciter le public à passer les concours de l'administration pénitentiaire. La phrase était : « Quelle société peut se passer de nous ? » Très clairement, cette phrase disait tout sur ce que doit être la prison française : une pierre angulaire de notre contrat social et de notre vie collective. Il apparait donc indispensable de valoriser les carrières de ceux qui participent à ce travail qui doit être tout sauf ingrat. Il faut aussi favoriser la passerelle entre les différents métiers de la justice et ceux existant au sein de l'administration pénitentiaire, il ne serait pas anormal qu'un membre de l'administration pénitentiaire puisse s'épanouir ailleurs et que d'autres métiers liés à la justice ou à la sécurité publique puissent effectuer un passage au sein de cette administration.

Car les Français n'en peuvent plus de voir des multi-condamnés en liberté alors que le moindre excès de vitesse entraîne une sanction immédiate. Et quand ils se plaignent que les peines de prison ne sont pas suffisamment appliquées, on leur répond que les prisons sont pleines…

Et c'est parfaitement exact : les prisons sont pleines, mais sont-elles pleines de personnes qui méritent vraiment d'y être ?

Là encore, c'est mal vu de le dire, mais les prisons sont pleines de gens qui seraient beaucoup mieux traités dans des structures psychiatriques. La sous-culture de l'extrême gauche des années 70 a fait fermer nos centres de psychiatrie, comme la culture de l'excuse des juges laisse des hors-la-loi en liberté. On ne mesure pas le mal que Michel Foucault, ou plutôt ses suiveurs ont pu faire en laissant infuser dans les esprits que le milieu psychiatrique était une sorte de camp de concentration, pour forcer le trait. Cela fait quelques années que nous commençons tout juste à nous réveiller sur le sujet de la santé mentale en dédramatisant enfin ce qu'elle est et surtout en réinvestissant dans des structures adaptées, mais quel retard avons-nous pris ?

Foucault mêle pouvoir disciplinaire et psychiatrie, parle d'un temps révolu et dénonce des choses qui étaient d'actualité en son temps. Le milieu psychiatrique a beaucoup évolué depuis, mais le regard sur le traitement des maladies mentales a été complètement confisqué par les suiveurs de Foucault pendant bien trop longtemps.

Mais revenons plutôt au terrain. Moi-même, inconsciemment, je baignais dans ce référentiel et il m'a fallu devenir maire pour prendre la mesure du manque de structure et surtout du travail remarquable de ceux qui y travaillent et la dignité extraordinaire de ceux qui s'y rendent. À Rillieux-la-Pape, je me suis donc battu pour maintenir une unité de soin psychiatrique pour enfants et adolescents pour prévenir ces maladies. Tous les services sociaux vous le confirmeront, le nombre de malades psychiatriques non pris en charge est anormalement élevé. Sans soin, sans accompagnement, ils commettent des délits et finissent en prison, prenant la place des vrais délinquants. Je me souviens de très longues discussions avec le centre hospitalier psychiatrique du Vinatier pour appuyer et faciliter un autre investissement, davantage orienté vers les personnes âgées, sur la commune. Je ne suis pas certain que sans ce mandat d'élu local, j'aurais à ce point changé de regard sur la nécessité d'investir dans les structures psychiatriques de proximité et sur le fait que beaucoup de gens n'ont strictement rien à faire en détention et prennent la place de personnes qui n'y sont pas envoyées faute de place.

On me rétorquera que rien ne sert d'avoir des places si aucun juge ne condamne à des peines de prison et on aura parfaitement raison. Le problème est que les juges ne rendent de compte à personne et surtout pas au peuple au nom duquel ils l'exercent. En plus de la nomination des juges par le Conseil Citoyen Permanent que j'évoque par ailleurs dans ce livre, il faut également que le pouvoir judiciaire puisse lui aussi être davantage conscient de ce qu'est le principe de responsabilité. Cela doit être le rôle du Conseil Supérieur de la Magistrature qui doit évaluer les juges et mettre fin à leur fonction en cas d'erreur. Ne pas condamner à la prison ferme un délinquant qui s'avère récidiviste doit pouvoir être désormais sanctionnable. La formation des juges doit être revue et correspondre à celle des avocats. Enfin, un magistrat ne devrait pas pouvoir exercer avant l'âge de trente-cinq ans. Une expérience de la vie est tout de même nécessaire avant d'envoyer des hommes en prison. Les juges ne doivent plus être intouchables. Je n'écris pas cela pour satisfaire de quelconques instincts populistes, soyons très clairs sur ce point. Je veux simplement que la notion de responsabilité devienne une réalité dans notre pays.

Ainsi, pour reprendre Montesquieu ou John Locke, les pouvoirs doivent être séparés et doivent pouvoir se contrôler l'un et l'autre afin qu'aucun ne concentre trop de pouvoirs. Suivant ce principe, le pouvoir exécutif est responsable politiquement devant l'Assemblée nationale, qui incarne le pouvoir législatif et peut être dissoute par le Président de la République. De même, cette responsabilité politique est doublée d'un renouvellement régulier de la légitimité politique par l'élection. Si l'on n'est pas satisfait de son député, le citoyen peut s'en débarrasser tous les cinq ans et si les Français n'apprécient pas le pouvoir exécutif, ils ont la possibilité de changer le chef de l'État tous les cinq ans également. Le pouvoir judiciaire n'obéit pas à cette logique. En France, les juges réussissent un concours, disposent d'une formation, puis sont nommés et promus dans une logique complètement endogène qui échappe le plus souvent au citoyen. Lorsque des fautes sont avérées de la part de magistrats, il ne se passe souvent pas grand-chose de tangible qui soit comparable à la sanction électorale. C'est pour cela que le Conseil Supérieur de la Magistrature doit être beaucoup plus clair et s'ouvrir vis-à-vis de l'extérieur et de la population si l'on veut une justice qui soit comprise et respectée.

Faire respecter les termes du contrat constitue ainsi la base du renouvellement de notre confiance dans notre pacte social. Dans ce cas, la justice ne peut pas se passer de la police. Si, dans un État de droit, il n'y a pas de police sans justice, il n'y a pas non plus de justice sans police.

Chapitre III

École de la réussite de tous

La commune et ses élus sont souvent les principaux témoins de l'évolution de l'institution scolaire. Nous siégeons aux Conseils d'écoles, nous sommes les employeurs des personnels non enseignants, nous sommes les garants de la construction et de l'entretien des bâtiments, nous gérons le périscolaire, les cantines et tant d'autres choses. Les élus locaux sont aussi, et trop souvent, les seuls témoins des graves dysfonctionnements de notre école publique, et pas seulement des maternelles et élémentaires dont nous avons la charge.

En effet, on sait tous que les collèges sont gérés par les départements (la Métropole dans le cas de l'agglomération lyonnaise) et les lycées sont gérés par les régions. Or, ne nous racontons pas d'histoire, les conseils départementaux et régionaux ne sont pas assaillis de parents en colère, d'histoires dramatiques de lycéens ou de collégiens. Comme toujours, ce qui se passe dans les collèges et les lycées nous revient le plus souvent en direct, sans que nous ne puissions faire grand-chose puisque nous n'avons pas les compétences et ne pouvons donc que nous tourner vers ceux qui les ont et qui se sont souvent organisés de façon un peu trop administrative et bureaucratique pour répondre à l'afflux des demandes qu'ils reçoivent. Une nouvelle fois, la décentralisation n'a pas bien pris en compte la réalité du terrain : personne ne connait son Conseiller régional ou départemental en charge du collège ou du lycée, mais tout le monde connait la mairie. Personne ne sait vraiment à qui s'adresser quand l'échelon pédagogique ne fonctionne pas correctement, et les maires se retrouvent donc aussi témoins d'affaires qui devraient être réglées au niveau de l'académie voire du ministère de l'Éducation nationale.

Le témoignage des maires n'est toutefois que très rarement recueilli au plus haut niveau de l'État quand il s'agit de parler de parcours scolaire et je pense que c'est une des raisons de cette déconnexion complète entre ce que l'échelon national décide et ce qu'il se passe sur le terrain. En fait, nous sommes souvent les seuls témoins des dysfonctionnements, avec les enseignants. Ces derniers, hélas ne sont absolument pas écoutés, et pour la plupart, préfèrent de plus s'exprimer, le « pas de vague » ayant fait beaucoup trop de dégâts. Il serait d'ailleurs assez croustillant, si cela n'était pas dramatique, d'entendre les hauts cadres de l'éducation nationale à qui nous parlons de problème au lycée ou au collège indiquer qu'il en parlera au Conseil régional ou à la Métropole. Malgré tout le respect que j'ai pour mes collègues conseillers régionaux qui siègent au Conseil d'Administration des lycées, ils ne sont confrontés qu'à une seule réalité : celle présentée par les institutions représentatives. Et même si cette réalité leur est souvent présentée sans fard et de façon très réaliste, on comprend aisément qu'ils ne passent pas devant l'établissement tous les jours, que leurs enfants n'y sont pas scolarisés et que, d'une façon plus large, ils ne connaissent personne qui y soit scolarisé.

Je me souviens notamment d'un cas de harcèlement extrême qui avait eu lieu dans l'un des deux collèges de Rillieux-la-Pape. Une jeune fille ne pouvait plus aller en récréation avec ses camarades, elle passait ses temps de pause en salle des professeurs et était accompagnée par un surveillant dans les couloirs. Les enseignants, le personnel de direction avaient contacté l'inspection académique qui avait, comme trop souvent, mésestimé l'ampleur du drame. C'est en tant que maire que j'étais intervenu et que nous étions parvenus à trouver une solution, passant par des fuites dans la presse tant l'éducation nationale était lente à réagir. La décentralisation, si elle a forcément de bons aspects, a fortement sous-estimé le problème de la proximité, notamment en matière scolaire. Bien entendu, les murs et le personnel non enseignant des lycées et collèges sont gérés par les régions et les départements, mais soyons clairs : lorsqu'il de vrais problèmes surviennent, les parents, les personnels de direction et les enseignants viennent voir les maires.

Les écoles sont également occupées par des agents de l'État que sont les enseignants. Les maires, surtout dans les banlieues populaires, les connaissent bien. Nous échangeons avec eux, nous débattons, nous nous opposons parfois, plus souvent nous luttons côte à côte pour empêcher des fermetures de classe par exemple, nous sommes partenaires, mais souvent bien esseulés. Les services de l'État, qui font ce qu'ils peuvent, restent organisés d'une manière qui n'a rien de souple, qui participe d'une organisation institutionnelle qui ne fonctionne pas et qui perpétue des dysfonctionnements. On a récemment beaucoup parlé de la consigne « pas de vagues », pour décrire la façon dont les multiples alertes transmises par le corps enseignant ou les directions d'établissements étaient traitées par le ministère. Pourtant, une nouvelle fois, dès que le rectorat, les inspections de l'éducation nationale et autres partenaires sont informés, souvent directement par les maires, il est parfois possible de faire bouger les choses. Mais que c'est long et pénible ! Que tout cela est peu réactif ! Tout semble conçu pour que l'éducation soit gérée en faisant preuve d'inertie, tel un immense bateau dont il serait quasiment impossible de modifier légèrement le cap et l'allure.

Finalement, chacun conviendra que l'école de la République ne fonctionne plus.

Dans les quartiers populaires, nous assistons évidemment à une stratégie d'évitement de la carte scolaire, une explosion des inscriptions dans l'enseignement privé, à des créations d'écoles privées hors contrat, au développement du marché du soutien scolaire... Dans les quartiers, les parents déploient des moyens et une énergie folle pour échapper aux écoles qui ont mauvaise réputation. Sans compter les familles modestes qui sacrifient parfois des repas pour payer une scolarité dans le privé à leurs enfants. Cela étant, et contrairement à ce qui est un lieu commun, on ne voit pas cela que dans les villes de banlieues. En plein cœur de Paris, le sociologue Hugues Lagrange avait remarqué que certains collèges du quartier de la Goutte d'Or étaient des « collèges noirs », car ils concentraient toute la population de ce quartier qui ne pouvait pas éviter d'y scolariser ses enfants, les populations « blanches » plus aisées se retrouvaient systématiquement dans le privé ou adoptaient des stratégies de contournement. Si cela se passe au cœur de la capitale, il est aisé d'imaginer que ces stratégies sont systématiques en banlieue.

Prenons l'exemple de Rillieux-la-Pape, car il est tout bonnement caricatural en termes d'implantation des collèges. La commune compte deux collèges publics sur son territoire, le collège Paul-Émile Victor et le collège Maria Casarès. Les deux sont situés au sein du quartier prioritaire de la Ville Nouvelle. Autrement dit, on emmène les problèmes du quartier au sein des collèges et évidemment, les quartiers périphériques, davantage composés d'habitants appartenant aux classes moyennes, voire aux classes moyennes supérieures, cherchent parfois à contourner la carte scolaire et à ne pas envoyer leurs enfants au sein des collèges situés dans le quartier prioritaire, ce qui apparait légitime. On a beau entendre des représentants nationaux fustiger cette attitude, on se doute bien que ceux qui critiquent le plus fort les stratégies d'évitement scolaire n'ont souvent pas été confrontés à cette problématique, car ils résident dans des secteurs où les établissements ont une excellente réputation. Il est donc facile de donner des leçons quand soi-même on n'est pas vraiment concerné ; c'est une habitude typiquement française.

Une nouvelle fois, le cas de Rillieux-la-Pape n'est pas unique, bien au contraire, mais il concentre tous les problèmes que rencontre l'éducation nationale. Le quartier le plus aisé et résidentiel de la commune est rattaché au collège situé dans le quartier de plus compliqué. Lorsque j'évoque ce point avec la direction du collège, ils préfèrent le prendre avec philosophie : une grande partie des familles dont les enfants devraient se rendre dans cet établissement pratiquent l'évitement, préférant aller dans le privé ou dans une autre commune. Il est impossible de la blâmer, mais le choix de situer cet établissement au cœur du quartier ne pouvait avoir d'autre conséquence que celle-ci.

Car sur Rillieux-la-Pape, comme si cela ne suffisait pas, un centre scolaire privé catholique sous contrat allant de la maternelle au lycée, l'institution Saint-Charles, est situé au cœur du quartier du Village, qui est beaucoup moins défavorisé. En définitive, c'est Saint-Charles qui accueille la population la plus mixte puisque les familles modestes des quartiers populaires réalisent parfois d'importants sacrifices financiers pour y envoyer leurs enfants, qui se mélangent ainsi à la classe moyenne de Rillieux-la-Pape et « sortent » donc du quartier (c'est en réalité l'affaire de quelques centaines de mètres qui font toute la différence). Ainsi, le secteur privé joue ici le rôle de strapontin pour permettre aux familles vivant dans le quartier prioritaire de scolariser leurs enfants en un lieu où elles estiment où ils seront davantage en mesure d'acquérir les codes de la société française et éviteront de faire de mauvaises fréquentations. En arriver à un tel point, où le privé permet d'assurer la mixité sociale et ethnique au sein d'un établissement d'enseignement secondaire que le public ne parvient plus à assurer est un constat du terrible dysfonctionnement qui frappe notre système éducatif.

Ici, nous payons des choix anciens, d'implantation de deux collèges publics dans les zones dont le taux de logements sociaux est supérieur à 80%, là où le collège privé se situe au sein d'un quartier plus résidentiel. On se demande parfois sérieusement ce qui a pu se passer dans la tête des urbanistes de l'époque. Mais il ne se passe pas vraiment autre chose dans les autres communes populaires : on maintient les habitants dans leurs quartiers le plus longtemps possible, en les empêchant quasiment physiquement d'en sortir, puis on vient hurler contre la ghettoïsation. En définitive, on est, comme je l'ai déjà précisé par ailleurs, dans la définition même du ghetto, car on pousse les habitants à rester entre eux, de la naissance à la majorité, ce qui empêche les enfants et les parents de sortir, de se mélanger, de se frotter aux codes de la société française et d'en faire l'acquisition. En définitive, on peut parler d'un sentiment de défiance, qui vire de plus en plus au réflexe visant à ne surtout pas mettre ses enfants « dans le public » lorsque l'on vit dans ses quartiers.

Un sentiment de défiance se répand donc à l'égard de cette école de la République qui devrait être le premier niveau de l'escalier social et qui, pour des raisons qui sautent aux yeux, maintient les enfants dans un milieu qui demeure un frein à leur émancipation. Ce pilier de la République doit donc à tout prix être solidifié. Il faut d'urgence revenir aux fondamentaux et créer les conditions de la réussite de tous. Cependant, l'écrire ou le dire ne suffit pas, cela fait désormais plusieurs décennies que « la réussite pour tous » est quasiment un slogan de tous les gouvernements qui se sont succédé. En fait, il est difficile de les condamner tant la tâche paraît insurmontable, aussi vais-je faire preuve d'une certaine distance vis-à-vis des solutions qui me paraissent évidentes, mais qui ne sont que le fruit de mes observations en tant que maire d'une commune populaire. Ce constat est certes modeste, mais nous sommes des milliers à pouvoir le faire et à souvent désespérer de ne jamais être vraiment écoutés.

Ce rattrapage en termes de niveau scolaire, cette école de la réussite pour tous passe bien évidemment par un recentrage des enseignements fondamentaux à l'école primaire : français, mathématiques, histoire-géographie et anglais. Le reste n'a pas qu'une importance secondaire. Plus aucun enfant ne doit arriver au collège sans savoir lire, écrire et compter convenablement. D'ailleurs, pour éviter les décrochages au collège, je suis favorable à l'instauration d'un examen à la fin du primaire pour évaluer le niveau de l'élève sur les fondamentaux avant l'entrée en secondaire. Si le niveau s'avère trop faible, le redoublement sera privilégié à un passage en 6e. Il est souvent curieux que des heures entières soient consacrées à des apprentissages en école élémentaire certes importants, mais dont l'acquisition pourra aisément être faite ultérieurement. Cela passe par des consignes fermes au corps enseignant, qui ne demande souvent que cela, mais se retrouve à devoir jongler avec des impératifs pédagogiques qui souvent ne sont pas applicables sans mettre en péril les savoirs fondamentaux.

Il faut aussi être capable de tirer les conclusions des innombrables rapports sur le passage à l'adolescence au sein des écoles. Il faut lire les nombreux articles sur le décrochage scolaire qui situent le moment précis non pas en CM2, mais en fin de 5e. Et surtout, il faut écouter les enseignants du collège, qui parlent souvent dans le vide. Ils nous disent très clairement que la différence de maturité, d'attitude, de comportement est énorme entre la 5e et la 4e. Ce passage entre la fin de l'enfance et le début de l'adolescence et le mélange au sein des établissements de ces deux publics, ceux qui ont entre onze et treize ans et ceux qui ont entre treize et quinze ans, est une confrontation entre deux mondes qui n'a rien d'une partie de plaisir pour tous ceux qui sont amenés à les côtoyer. D'un côté, nous avons des enfants et de l'autre des adolescents. Souvenons-nous notamment de ce qu'il s'est passé dans certains collèges en début d'année scolaire 2021 quand les élèves de 6e nés en 2010 ont parfois été martyrisés par leurs ainés au nom d'un bizutage qui ne disait pas son nom. Pensons également au malaise provoqué par le visionnage de la série coréenne ultra violent « *Squid game* », qui a entraîné son lot de brimades, de violences et d'humiliation sur des enfants de dix ou onze ans confrontés à des adolescents de quinze ou seize ans. Il est clair que nous ne sommes pas dans le même monde et que les enfants peuvent être cruels entre eux. Démarrer du bon pied sa période de collège apparait dès lors indispensable surtout lorsque l'on doit acquérir des savoirs fondamentaux que, parfois, la famille ne possède pas complètement. Il apparait en effet terriblement injuste que des enfants de la deuxième génération, voire des primo-arrivants dont les parents peuvent ne pas bien maîtriser la langue française, soient immédiatement plongés dans une situation dont ils ne connaissent pas les codes et qui ne leur donne clairement pas une très bonne image de ce qu'est l'égalité des chances.

Ainsi, concernant le secondaire, je suggère de mettre fin à la cohabitation des jeunes enfants avec des adolescents. Les 6e n'ont rien à faire avec des 3e. Ces deux publics n'exigent pas le même encadrement, ne posent pas les mêmes problématiques et ne réagissent pas à la même pédagogie. Cet écart d'âge ne profite à personne. Je pense que le regroupement par collèges des classes de 6e et 5e et des classes de 4e et 3e permettrait d'optimiser l'enseignement au collège en adaptant au mieux l'offre pédagogique aux élèves. Cela pourrait aussi avoir pour effet de limiter l'évitement scolaire en début de collège. Ce qui repousse les parents, c'est surtout le fait de savoir leurs enfants au contact d'adolescents qui peuvent être de véritables caïds. En permettant une transition plus douce, cela aura pour effet de limiter cet évitement et de favoriser la mixité, qui est ce qui peut faire avancer le mieux vers une égalité des chances pour tous les élèves, notamment au collège.

Par ailleurs, ces transferts conduiraient à un meilleur brassage des populations, car en réattribuant les établissements, soit on sortirait les élèves du collège du quartier, soit on les amènerait à rencontrer des camarades issus d'autres horizons. Cela paraît un peu révolutionnaire, mais tout parent, tout enseignant a noté cette frontière entre la 5e et la 4e. L'avantage de cette réorganisation est qu'elle serait gratuite : les murs existent déjà, les classes et les équipements aussi, et le personnel éducatif est déjà recruté ; il suffirait simplement de rassembler les 6e et 5e dans les mêmes locaux et de faire de même avec les 4e et 3e. Les modalités de ces regroupements sont à définir, mais elles apparaissent évidentes et de bon sens, même si je suis bien conscient que la notion de bon sens est souvent synonyme de raisonnement simpliste ; il semble qu'ici cela vaille le coup d'être tenté. Il apparaitrait, par exemple, tout à fait possible d'adapter les dispositifs d'encadrement et d'aide aux élèves en difficulté en les concentrant sur les classes d'âges bien précises, et ainsi de rendre beaucoup plus simples l'intégration des élèves en difficulté et leur éventuelle réorientation. Ce genre de ciblage des dispositifs de soutien scolaire serait beaucoup plus simple si les classes d'âges étaient regroupées. On va sans doute répondre que la notion de proximité serait plus compliquée à respecter puisque des élèves devraient quitter leur quartier pour se rendre à un collège situé à des kilomètres de leur domicile. Oui, et nous devons l'assumer. C'est exactement ce qu'il doit se passer, il faut faire sortir les enfants de leur quartier pour que les problèmes du quartier ne se retrouvent pas au sein des établissements d'enseignement scolaire.

De même, il faut avoir le courage de pousser le débat jusqu'au bout. Depuis le temps que cela est préconisé, il faut mettre fin au collège unique. L'idéologie qui consiste à voir en chacun des élèves de futurs lycéens de filières générales a fait suffisamment de dégâts en retenant des jeunes dans des filières inadaptées à leurs personnalités. Les métiers manuels ne sont pas des sous-métiers. Un plombier gagne bien souvent plus qu'un professeur. Dès la fin de la 5e, il faut offrir aux élèves la possibilité de s'orienter sur une filière technique. Le vrai problème est souvent dans cette volonté complètement idéologique de pousser les collégiens vers les filières générales, jusqu'à leur faire avoir un bac dont ils ne savent que faire, ou bien les faire arrêter leurs études à seize ans sans n'avoir obtenu aucun diplôme. Par contre, il faut aussi être capable de croire dans les chances de ceux qui pensent pouvoir réussir et avoir un déclic. C'est compliqué, cela nécessite de l'individualisation des suivis. Combien de personnes ont été mal orientées parce que personne ne s'est aperçu que le problème n'était pas l'élève, mais le manque de capital culturel de sa famille qui ne pouvait pas l'aider convenablement ? Peut-être qu'au lieu d'orienter un élève vers l'enseignement technique ou professionnel, il faudrait d'abord s'assurer que c'est bien ce qu'il souhaite et que ce n'est pas uniquement pour le sortir du système que l'on procède ainsi.

Il est aussi un autre problème dont le système doit s'occuper : celui d'une forme de discrimination des jeunes issus de l'immigration qui sont quasiment les seuls à être poussés vers ces filières. C'est parfois un biais complètement inconscient, mais je ne compte plus mes collaborateurs, ou mes amis d'origine maghrébine, qui me disent qu'ils ont, au collège, été poussés par des professeurs, sans doute bienveillants, à ne pas poursuivre en filière générale et qu'ils ont justement dû aller contre leur avis et s'inscrire malgré tout en lycée général. Il faut y penser aussi, car il est souvent assez étrange de ne retrouver que des jeunes issus de l'immigration dans certaines filières techniques ou professionnelles. Bien entendu, on peut imaginer que telle était leur volonté, mais on ne peut s'empêcher de penser que certaines filières ont été transformées en voie de garage pour jeunes dont on a estimé qu'ils ne pourraient jamais s'intégrer dans un système qui apparaissait trop compliqué pour eux.

Toutefois, ce phénomène ne doit pas occulter que trop nombreux sont les adolescents qui sont au contraire poussés par l'institution à poursuivre dans une filière générale alors qu'ils ne devraient pas et qu'ils devraient être formés à d'autres métiers. Sur Rillieux-la-Pape, nous avons, au sein du quartier de Crépieux, un lycée professionnel de très haute tenue spécialisé dans les métiers du bois et de la tapisserie d'ameublement. C'est le seul dont on ne parle jamais en termes de décrochage, de difficulté, de violence ou de harcèlement, c'est le seul dont je ne connaisse pas un seul élève qui soit demandeur d'emploi ou en situation de précarité. On peut aussi évoquer d'autres filières qui doivent récupérer leurs lettres de noblesse. La région lyonnaise est connue pour sa gastronomie et un nombre important de formation aux métiers du tourisme et de l'hôtellerie. Il est toujours dommageable de constater qu'un jeune de dix-huit ans se retrouve en échec au lycée alors qu'il se serait épanoui et aurait sans doute pu avoir une carrière prestigieuse si, plus tôt, il avait été orienté vers l'école hôtelière. Des personnalités lyonnaises comme le récent Bocuse d'Or Davy Tissot ou le chef Christian Têtedoie sont des têtes d'affiches médiatiques et n'ont pourtant pas le bac général. Il est toujours fort dommageable de s'apercevoir sur le tard, quand on est parent, que nos enfants auraient pu se lancer tôt dans une carrière remarquable, mais qu'en les poussant trop, on leur a fait prendre un retard considérable.

Une école qui tient à nouveau ses promesses inspirera à nouveau la confiance. Comme en matière d'urbanisme, nous le verrons plus tard, il faut mettre fin aux parcours scolaires ghettoïsés où un élève effectue toute sa scolarité à moins de trois arrêts de bus de chez lui, toujours dans le même quartier, avec les mêmes personnes. À l'heure de la concurrence mondiale, c'est un peu étroit comme champ de vision. C'est précisément ce qui a été mis en place en Occitanie avec un mixage quasiment imposé des populations. Des bus entiers de collégiens et de lycéens de quartiers prioritaires se rendaient tous les jours dans des établissements plus cotés et le résultat fut sans surprise : ils ont connu les mêmes réussites que les autres. Tout n'était donc qu'une question d'environnement, mais la rigidité du cadre réglementaire français nous empêche de mener de pareille expérience sans avoir recours à tout un arsenal de dérogations.

Non seulement c'est étroit, mais en plus ce n'est pas ce que veulent les familles. Il suffirait de leur poser la question de ce qu'ils souhaitent, ou d'observer le turn-over dans les logements sociaux ; les gens cherchent à sortir du quartier, pas à y rester toute leur vie. Et pourtant, c'est ce que nous avons construit au fil des années : des quartiers où l'on reste jusqu'au lycée, et même parfois au-delà quand on pense que désormais la mode est aux universités dans les banlieues, comme à Saint-Denis dans le 93, à Villetaneuse, Cergy-Pontoise, Créteil... On peut désormais avoir un bac+5 sans avoir quitté son quartier dans certaines communes et je ne suis vraiment pas certain que cela œuvre à la nécessaire ouverture d'esprit dont les jeunes les plus diplômés doivent faire preuve. Si l'intention peut paraître sympathique et bienveillante, cela contribue à complètement enfermer les habitants, à les ghettoïser. Ainsi, un Lyonnais connait souvent mieux Paris qu'un habitant de Saint-Denis par exemple qui ne s'y rend quasiment jamais. Tout ceci est le triste résultat d'une politique de ségrégation, voulue ou non, qui a été constante, quel que soit le gouvernement au pouvoir. Équiper les quartiers, c'est très bien, mais les transformer en ghettos, même avec la meilleure volonté du monde, c'est un véritable danger.

Je sais que le sujet de la diversité sociale en milieu scolaire pose problème. Je comprends les parents qui ne veulent pas subir la carte scolaire en envoyant leur enfant dans un établissement où le niveau est réputé mauvais, où les professeurs passent plus de temps à faire la police qu'à enseigner. Car la réalité du terrain est souvent celle-là : le temps d'apprentissage dans les collèges de quartiers populaires est parfois très réduit, car l'enseignant perd un temps fou à assurer la discipline. Le retour de la mixité sociale dans les écoles ne se fera donc qu'avec le retour de l'exigence, du travail et de l'autorité. Il ne se fera aussi qu'en essayant de limiter les classes d'âge présentes dans les établissements, notamment par le regroupement des 11-13 ans et des 14-16 ans au sein d'établissements différents afin justement d'éviter que des enfants ou préadolescents soient confrontés à des jeunes issus d'un monde qui n'est absolument pas le leur et dont les réactions peuvent être excessivement traumatisantes. Je le répète, mais quatorze ans, quinze ans, ce sont des âges où parfois on est tenté de faire des bêtises, c'est l'âge de la rébellion contre l'autorité et je pense qu'il est inutile d'y mêler des enfants tout juste sortis de l'école élémentaire.

Sur la notion d'autorité ou de sanction, qui apparaissent souvent comme des gros mots, ou des expressions vulgaires ou populistes, il faut aussi interroger les premiers intéressés : les parents. Ce sont les premiers à réclamer l'autorité à l'école. Bien entendu, on va me répondre, à raison, que l'on a tendance à réclamer de l'autorité pour tout le monde, sauf pour ses propres enfants. Ainsi, ce désir d'autorité peut paraître curieux, car on a souvent des parents qui désormais contestent les décisions de l'enseignant, qui tentent de négocier les notes, qui discutent les sanctions, pratiquant une malsaine inversion accusatoire. Pour autant, c'est aussi une question d'état d'esprit, de volonté de celui qui est chargé de faire respecter l'autorité. C'est une question d'engagement et, disons-le une nouvelle fois, de courage.

Cette volonté de remettre en cause la parole de l'enseignement ou celle de l'institution est clairement une dérive de notre époque, mais contre toute dérive, il y a un barrage possible. Ici, je veux parler de la nécessité de restaurer l'autorité. J'ai le souvenir d'une principale d'un des collèges de Rillieux-la-Pape qui était une femme à la stature physique peu imposante, mais qui avait fait le choix de ne rien laisser passer et d'adopter une attitude certes bienveillante, mais reposant sur l'autorité.

À partir du moment où la chef d'établissement donne le ton, l'ensemble des enseignants a tendance à suivre et les parents font de même. Le magnifique livre de Bernard Ravet où cet ancien principal d'un collège situé dans un quartier très sensible de Marseille est très clair sur le sujet : à aucun moment il ne relâche la garde et visiblement les choses se sont bien passées malgré un climat de tension extrême et de très grande pauvreté dans le quartier où se situait l'établissement qu'il dirigeait.

Malgré une situation sociale très difficile, une grande délinquance dans le quartier, le poids du communautarisme et des conflits incessants, le capitaine a tenu bon et le collège n'a pas sombré alors que tout était réuni pour qu'il devienne un symbole de la faillite de l'enseignement. La notion d'autorité est ici cruciale : c'est le chef d'établissement qui donne le « la » et peut imposer un certain ordre au sein de son collège. Toutefois, et nous sommes parfaitement conscient de cela, les agressions contre les enseignants, parfois filmées et partagées sur les réseaux sociaux, les insultes, les injures et provocations de la part d'élèves de plus en plus jeunes trahissent un malaise profond dont il apparait difficile de prendre la mesure. Au passage, c'est grâce à leur médiatisation par les réseaux sociaux que le grand public peut parfois apprendre ce qui se passe au sein des certains établissements. Personne n'est capable de savoir combien de temps ce genre de faits scandaleux a été caché ou mis sous l'éteignoir par la hiérarchie. De même, une image, une vidéo, est beaucoup plus forte en termes de réaction qu'un simple relevé d'actes dans un rapport. Lorsque l'on parle de violences contre des professeurs, il est une chose de le lire, il est une chose de le voir partager, de constater que de nombreux jeunes « *likent* » ces vidéos et les cautionnent, ce qui laisse à penser qu'il existe une certaine impunité qui, fort heureusement, est désormais fondamentalement dénoncée, car visible de tous.

Face à ce genre de dérives, il faut de la fermeté. Et la fermeté commence par une certaine dose d'autorité. Alors, faisons ce pari : pourquoi ne pas rétablir l'uniforme à l'école, pourquoi ne pas interdire le recrutement de professeurs débutants en zone REP+ ? Et surtout pourquoi ne payons-nous pas beaucoup mieux les professeurs expérimentés qui y enseignent ? Réinvestissons dans notre enseignement. Si j'évoque l'uniforme, ce n'est pas simplement pour en faire un marqueur politique, mais parce que de nombreux pays dans le monde l'utilisent sans qu'il n'y ait de débats particuliers, la plupart des lycées français situés à l'étranger imposent également un uniforme à des enfants dont les parents sont aisés et déboursent des sommes importantes pour les scolariser dans de tels établissements. Alors, pourquoi ne pas essayer de créer ce sentiment d'appartenance au sein des collèges et lycées de France ?

De même, il est important de réfléchir sérieusement aux conditions matérielles dans lesquelles les enseignants, notamment en quartier sensible, travaillent.

Car, soyons clair, être professeur dans un établissement sensible, c'est un travail fascinant, mais épuisant, qui mérite d'être récompensé à sa juste valeur. La rémunération de nos enseignants en France est déjà bien assez faible pour que ceux qui choisissent de s'engager sur une voie compliquée ne soient pas justement récompensés. Alors, bien entendu, il sera nécessaire de procéder à des ajustements statutaires, mais il n'est plus acceptable que les Français soient parmi les enseignants les moins bien payés d'Europe, et que le niveau des élèves tel qu'évalué dans les enquêtes internationales de type PISA soit comme par hasard corrélé à cette faible rémunération.

Il n'est pas non plus normal que les professeurs fraichement diplômés soient envoyés dans les établissements où nous avons besoin de plus de compétences. Faisons confiance à nos chefs d'établissement pour recruter leurs professeurs. Ils connaissent leurs élèves et sauront faire les choix les plus judicieux. Donnons-leur les moyens de rendre leurs postes attractifs. Aujourd'hui, le chef d'établissement ne peut compter que sur lui-même, son charisme, son leadership, pour que l'équipe enseignante et administrative le suive : il n'a même pas son mot à dire sur le choix de son équipe pédagogique et se retrouve donc dans une situation où le système est contre lui, car, je le pense, le système éducatif français a du mal avec la hiérarchie. Plusieurs élus ont d'ailleurs émis le souhait que le chef d'établissement puisse former son équipe éducative et je suis complètement d'accord avec cela. Au passage, le recrutement en direct des enseignants se fait parfaitement par des chefs d'établissements ayant réussi le concours et disposant de ce statut... mais uniquement lorsqu'ils sont affectés à une école française à l'étranger ! Pourquoi un proviseur peut recruter librement ses professeurs hors de France quand le même proviseur n'a même pas son mot à dire là où justement, il y en aurait le plus besoin ? Après tout, la fonction publique territoriale fonctionne ainsi sans que cela ne soit vécu comme un scandale particulier.

Pour être clair, la fonction publique territoriale a sans doute de nombreux défauts, mais elle laisse la possibilité à la collectivité de choisir ses propres collaborateurs à partir du moment où les candidats ont réussi un concours qui les qualifie pour le poste.

Cette idée est intéressante, car elle s'oppose au principe de la fonction publique d'État qui affecte le fonctionnaire à un poste en fonction d'un système qui tient plus de l'algorithme qu'autre chose. C'est évidemment discutable et on va évidemment en pointer toutes les dérives potentielles. Pour autant, il faut peut-être arrêter de se compliquer la vie. Dans une mairie, le directeur du service est responsable du recrutement de ses agents, il peut ainsi faire preuve de ses capacités managériales et peut nettement moins se défausser sur ses hommes en cas de manquement ; après tout, c'est lui qui les a embauchés même si, j'en suis conscient, une fois l'embauche faite, il n'est plus vraiment possible d'exercer un véritable lien de subordination qui est pourtant la base communément admise dans le monde du travail salarié.

Lorsque de telles idées sont émises, on entend souvent les commentateurs avoir peur des dérives. On parle de clientélisme, de caporalisme, de recrutement à la tête du client. Mais il faudrait parfois ouvrir les yeux : les dérives, cela fait bien longtemps qu'elles sont là ! Il vaut mieux un corps enseignant choisi par le directeur, quitte à ce qu'il compose son équipe en fonction de critères qui sont compliqués à déchiffrer plutôt que l'on attribue les établissements en fonction des vœux, des points, de l'ancienneté ou de l'avancement. Je sais que le corps enseignant ne va pas aimer cette comparaison, mais la meilleure équipe de football au monde n'est pas celle qui est composée des meilleures individualités. C'est d'ailleurs pour cela que le sélectionneur est nommé, non pas pour recruter les meilleurs, mais pour recruter ceux qui formeront la meilleure équipe.

Hélas, à l'heure où l'on apprend le management public dans toutes les universités, au sein des centres de formation de hauts fonctionnaires et à tous les niveaux de décision, on s'aperçoit que les managers, ceux qui seront les garants des missions de service public, ne sont pas libres de recruter leur équipe, et se la voient imposée. Alors bien entendu, il faudra aussi ajuster les salaires pour que les établissements scolaires attirent les profils expérimentés, mais il faut aussi que le chef d'établissement dispose d'un levier managérial clair. Le sociologue Francois Dupuy explique fort bien que s'il n'a aucun lien de subordination, aucun réel levier pour faire pression sur celui qui est censé travailler pour lui, le supérieur hiérarchique doit constamment ne compter que sur sa capacité à négocier en permanence, ce qui lui fait perdre un temps précieux et l'empêche de mener sa mission. Le directeur doit donc disposer d'un véritable levier hiérarchique pour que son établissement tourne le plus efficacement possible.

De même, il faut aussi rapprocher l'école du monde du travail. Je suis bien conscient qu'une nouvelle fois, c'est quelque chose de culturellement compliqué à faire passer, mais il est souvent assez difficile de voir à quel point ces deux mondes sont éloignés. Le rapprochement avec le monde de l'entreprise est donc impératif. La plupart du temps, les enseignants ne sont pas rétifs à cette idée, mais souvent, c'est un monde qu'ils méconnaissent trop et dont ils ne voient souvent pas ce qu'il pourrait apporter au cursus des élèves.

Malheureusement, bien souvent, les stages d'observations n'impliquent pas assez les jeunes. Le ministère de l'Éducation doit se montrer plus offensif sur cette question et proposer un mois de travail en entreprise, la gratification du stagiaire étant à la charge de l'éducation nationale, l'entreprise aura tout intérêt à incorporer un lycéen dans ses équipes. Et même si l'entreprise ne donne pas de pleines responsabilités au stagiaire, ce dernier aura l'occasion d'observer de manière beaucoup plus complète ce qu'est le travail salarié. Je vais même en rajouter sur ce sujet, mais il serait bon que les chefs d'établissements signent des conventions avec les entreprises de leur secteur afin que ces dernières accueillent tous les ans des stagiaires, ce qui éviterait aussi les stages de complaisance qui en définitive n'apportent rien à personne.

La continuité pédagogique est également un outil fondamental de cette reprise en main éducative. Car lorsque l'élève sort de l'école, il doit malgré tout pouvoir être encadré. Ici, le monde associatif a un rôle capital à jouer auprès des jeunes qu'il encadre dans le sport, la culture. Et les quartiers sont justement très riches de ce type d'associations. Le projet pédagogique doit accompagner les élèves y compris en dehors de l'école avec une concertation établissement-association constante. Les mauvaises notes et/ou mauvais comportements à l'école doivent avoir des conséquences au sein du club ou de l'association. Il est en effet difficile d'imaginer que la terreur du collège soit privilégiée au sein du club et les encadrants sportifs et associatifs doivent donc être parfaitement informés des manquements des jeunes qu'ils encadrent lorsque ces derniers sont en milieu scolaire. Ainsi, une mise sur le banc de touche ou un savon par le coach peuvent avoir un effet sur le comportement du jeune ; là aussi, cela rentre en compte dans l'apprentissage de la notion de responsabilité, dont on a déjà souligné le fait qu'elle était une véritable lacune qui pouvait expliquer en partie les comportements de chacun. À l'inverse, les bonnes notes et bons comportements doivent aussi être communiqués, dans un sens comme dans l'autre. Ce continuum pédagogique devrait permettre de repérer plus rapidement les jeunes en difficulté.

Ce continuum devrait même pouvoir aller jusqu'à la maison avec, pourquoi pas, la possibilité de suspendre les aides d'État aux familles de mineurs délinquants comme nous l'avons vu précédemment. D'une manière générale, il faut exclure au moins partiellement de la solidarité nationale toutes les personnes qui ne respectent pas la part légale que comprend le contrat social. La solidarité ne sera acceptée que dans le cas où elle ne concerne que des personnes bien intentionnées. Ce changement de paradigme fera passer notre société de la défiance à la confiance. Car oui, cette défiance existe, on l'entend trop souvent, elle est parfois assénée de manière définitive par des gens qui pensent tout connaitre, mais il n'en demeure pas moins que ces opinions sont parfois fondées. Si l'immense majorité des bénéficiaires de la solidarité nationale sont évidemment des gens parfaitement honnêtes, il nous faut reconnaître que ceux qui bénéficient de ces aides tout en ayant des comportements inadaptés, voire illicites, ne poussent pas au développement de l'esprit citoyen et poussent à la défiance et donc au délitement complet du lien social dont on sait parfaitement à quoi il conduit.

Nous l'avons vu, la concentration de populations cumulant difficultés sociales, difficultés d'intégration, pauvreté nuit à la scolarité et à la réussite de tous. Ce manquement est lourd de conséquences. La politique de logement a ici un rôle à jouer. Nous ne pouvons plus continuer à entretenir des ghettos de pauvreté et nous plaindre des problèmes que cela génère et là aussi, mon expérience d'élu local peut enrichir le débat.

Chapitre IV

Logement social : la fin des ghettos

La moitié de la ville de Rillieux-la-Pape est en secteur dit « Quartier Politique de la Ville ». Pour résumer, quinze mille habitants sur trente mille, soit la moitié de la population, résident dans un Habitat à Loyer Modéré, dans ces tours construites à la va-vite dans les années 60 pour accueillir les rapatriés, qui ont ensuite laissé leurs places à des personnes issues des vagues migratoires successives. Ce quartier, nommé la « Ville Nouvelle », n'a pas bénéficié des vagues successives de rénovation intervenues au cours de ces vingt dernières années, je reviendrai sur le sujet, mais visuellement, c'est un des derniers quartiers de la Métropole lyonnaise qui permette de se rendre compte de ce qu'étaient les logements sociaux dans les années 1960. Quasiment rien n'a bougé et les quelques journalistes parisiens qui ont pu s'y rendre ont toujours été très surpris de la vétusté de ce quartier et du fait que personne ne s'y soit réellement intéressé. Là où des quartiers emblématiques comme le Mas du Taureau à Vaulx-en-Velin, les Minguettes à Vénissieux ou encore La Duchère à Lyon ont connu des révolutions urbanistiques visibles, la Ville Nouvelle de Rillieux-la-Pape est restée dans un état très proche de ce qu'elle était lorsque ces tours ont été construites à la hâte.

Cependant, l'aspect visuel ne fait pas tout, loin de là. Si ces logements ne sont donc évidemment plus adaptés, les quarante ans de la politique de la ville n'ont jusque-là pas réussi à améliorer l'attractivité de ces quartiers. Ce constat est généralisé et souvent les millions, voire les milliards, dépensés notamment par l'Agence Nationale de Rénovation Urbaine (ANRU) n'ont servi qu'à des fins esthétiques, certes importantes, mais dont chacun s'est aperçu qu'elles étaient très insuffisantes.

Non loin de Rillieux-la-Pape, à Lyon, le quartier de La Duchère est complètement rénové, les destructions de barres d'immeubles ont eu droit à une couverture nationale, le quartier a même obtenu un label développement durable. Pour autant, cela reste un secteur socialement sinistré qui se fait souvent connaitre pour des flambées de violences urbaines. Fin 2021, c'est à La Duchère que des policiers ont été pris pour cible par des tirs d'armes à feu, dans ces quartiers pourtant désormais plus aérés et à l'urbanisme nettement moins oppressant. Ce n'est donc pas seulement un problème d'urbanisme, on peut même considérer que l'urbanisme ne joue peut-être qu'à la marge si aucune autre action n'est menée. Le quartier de Bron Parilly par exemple n'est pas spécialement composé de tours et de barres inhumaines et pourtant, il reste un quartier compliqué malgré les efforts du nouveau maire, Jérémie Bréaud. En s'y promenant à pied, on a l'impression de se trouver dans un lieu plutôt pacifié. C'est pourtant à Parilly que le maire a été insulté et agressé, sa voiture dégradée au point de devenir inutilisable. C'est dans ce quartier-là également que des tags le menaçant de mort ont été retrouvés, ce qui lui a valu une protection renforcée.

Le problème de ces quartiers est donc d'abord social et entraîne ainsi des fermetures massives de commerces de proximité, qui doivent stopper leur activité faute de pouvoir d'achat dans la zone de chalandise. Si les habitants sont pauvres et défavorisés, aucun commerce ne pourra durer. C'est un phénomène assez connu et fort bien étudié : les classes moyennes fuient dans les zones périurbaines, comme l'explique fort bien Christophe Guilluy. En fait, ce sont même bien davantage que les classes moyennes qui fuient ces quartiers : dès qu'elles en ont les moyens, des familles relativement pauvres se sacrifient pour fuir, quitte à habiter dans des logements à la limite de la salubrité dans des quartiers moins difficiles. C'est d'ailleurs ce que Hugues Lagrange avait très bien expliqué dans son ouvrage où il étudiait le quartier du Val Fourré à Mantes-la-Jolie. En quelques années, les familles d'origine nord-africaine s'étaient débrouillées pour quitter le quartier et s'étaient vues remplacées par de nouvelles arrivantes d'origine subsaharienne. Il y a donc ce que l'on appelle un roulement important, car ceux qui s'en sortent ne restent pas longtemps dans ces quartiers et laissent la place à des gens toujours plus socialement défavorisés. Ceux qui pourraient tirer le quartier vers le haut ne trouvent donc aucun intérêt à y rester et il est difficile de les en blâmer. En d'autres termes, on est en plein dans une spirale de l'échec : le quartier en tant qu'entité est condamné à accueillir toute la misère du monde et la seule solution acceptable pour ceux qui y vivent serait d'en sortir par tous les moyens. Pour un élu de la République, ce constat est insupportable.

L'autre phénomène dont il faut parler sans en avoir peur est la communautarisation de l'offre commerciale. Dans ces quartiers, à force d'homogénéiser la population issue des vagues migratoires successives, et en ayant aussi laissé prospérer ce qui s'apparente à du marketing communautaire qui pourtant n'existe que très peu dans leur pays d'origine, on a créé une demande de produits de type « islamique », c'est-à-dire « halal », et donc des commerces qui répondent à cette demande et s'installent en grande majorité dans ces quartiers. C'est ainsi que, surfant sur ce phénomène, la diversité commerciale disparait complètement. Même si les classes moyennes pouvaient être tentées de ne pas fuir le quartier, voire de s'y installer, elles n'auraient pas moyen d'y effectuer des achats de proximité et du quotidien en dehors d'un commerce communautaire, ce qui ajoute encore une difficulté, au nom, bien évidemment, de la loi de l'offre et de la demande. Ajoutons que les maires n'ont que très peu de pouvoir pour limiter l'implantation de ce type de commerces, ce qui est assez logique dans une société marchande et une économie ouverte.

Il n'y a pas de problème à ce que la diversité culturelle soit présente dans nos magasins, mais encore faut-il, comme le fait l'anthropologue Florence Bergeaud-Blacker, s'interroger sur ce qui fait que du jour au lendemain ou presque cette quête de pureté alimentaire se soit développée plus vite en France qu'en Afrique du Nord ou au Moyen-Orient par exemple. Nous sommes dans ce que l'on appelle une orthopraxie : autrement dit, on recherche une pratique qui soit de plus en plus excluante et qui éloigne de plus en plus celui qui s'y adonne du reste de la société. Le problème, c'est que concernant le « halal », c'est qu'il s'agit d'une convergence objective entre une problématique religieuse et un commerce potentiellement très juteux. La logique capitaliste a donc tout intérêt à multiplier les produits « islamiques » et donc à pousser vers l'orthopraxie et une forme de séparatisme. Pour empêcher ce cercle vicieux, qui a fort bien fonctionné dans les pays asiatiques notamment, il convient d'actionner des leviers politiques forts et de proposer un mode de vie qui permette de suivre sa foi sans pour autant rentrer dans une alliance objective entre la logique marchande et une logique de radicalisation.

Cela étant, au-delà de cette interrogation légitime sur l'irruption du « marketing islamique » pour reprendre le terme du chercheur français Cédomir Nestorovic, il convient de s'interroger sur la pertinence de remplir les espaces commerciaux de commerces quasiment exclusivement communautaires.

Cela obéit à la loi du marché, je peux le comprendre, et si nous n'avions aucun moyen d'en contrôler le développement au niveau local, la totalité des magasins des quartiers prioritaires serait communautaire. Mais il faut aussi en percevoir la conséquence : toute tentative d'introduire de la mixité dans ces quartiers se heurtera à cette absence d'offre commerciale alternative. En effet, quelqu'un qui ne consomme pas de produits communautaires ne pourra tout simplement pas faire ses courses dans le quartier ou aura un choix extrêmement limité, ce qui jouera forcément sur l'attractivité des logements proposés. De même, en acculturant les gens à toujours plus de « pureté », on crée de façon consciente une volonté accrue de séparatisme et on condamne toute velléité de diversité. C'est d'autant plus surprenant que ce « marketing islamique » est relativement peu présent dans le monde arabe où, par défaut et afin d'éviter toute escalade sur le sujet, tout est considéré comme « halal ». Il n'est donc pas étonnant de retrouver les plus importantes « innovations » en matière de marketing islamique dans les pays asiatiques où la population est encore assez diversifiée comme en Malaisie ou en Indonésie, où les musulmans ont tendance à s'éloigner et à se radicaliser, fonctionnant de plus en plus en vase clos avec l'aide des autorités locales et nationales.

Pour en revenir à l'exemple français en matière de logement, au cours des dix dernières années et en dépit des investissements, l'attractivité des quartiers ayant bénéficié du plan national de rénovation urbaine (PNRU) reste faible, leur image restant durablement ternie par les problèmes de sécurité. La politique d'attribution des logements sociaux ne contribue pas à atteindre l'objectif de mixité sociale et elle peine à inverser la tendance à la concentration des difficultés dans ces quartiers. Pour être plus précis, elle pousse même des familles bénéficiaires à renoncer à leurs droits lorsqu'elles se voient attribuer un logement dans un quartier à la réputation trop sinistre. Des familles préfèrent donc perdre plusieurs années plutôt que d'accepter un logement, tout simplement parce que celui-ci n'apparait pas suffisamment sûr.

Il est faux cependant de dire que rien n'est fait. Des efforts colossaux sont réalisés. La rénovation urbaine, ce n'est pas que des mots, mais des milliards dépensés dans des rénovations, des destructions/reconstructions qui rendent les quartiers plus vivables et plus humains. Ce sont des hommes et des femmes qui y interviennent régulièrement pour mettre un peu de lien social. Pour autant, aucune politique n'a jamais réussi à complètement regagner un territoire. En région parisienne ou aux États-Unis par exemple, les seuls quartiers difficiles qui ont changé de visage sont ceux qui ont été « *gentrifiés* », c'est-à-dire dont les habitants les plus pauvres ont été chassés par les habitants aisés qui se sont mis à les occuper, Haarlem à New York est typiquement l'exemple de gentrification entre un quartier qui était un coupe-gorge dans les années 70-80 et qui est devenu un quartier beaucoup plus prisé de nos jours. En banlieue parisienne, des secteurs comme Pantin, Houilles et même une partie de Nanterre connaissent le même sort, dans la région lyonnaise, on peut en dire autant de toute une partie de Villeurbanne. Or, cela ne résout rien : les plus modestes partent et vont aller se regrouper de nouveau là où les loyers leur sont accessibles et ce n'est pas en menant une chasse aux pauvres que l'on parviendra à vaincre les inégalités territoriales, bien au contraire. Il faut donc trouver le moyen de changer le quartier sans le gentrifier. Remplacer des pauvres par des riches ne résout rien du tout, c'est la logique de dégradation qu'il faut enrayer par tous les moyens.

En matière d'éducation, si l'image des établissements scolaires évolue comme celle de leur quartier, les élèves accueillis, généralement dans des dispositifs d'éducation prioritaire, y connaissent des résultats scolaires inférieurs à la moyenne de leur académie, malgré une amélioration depuis dix ans. Il n'existe donc pas de recette miracle. Même avec de belles écoles et des efforts continus pour y promouvoir un accompagnement scolaire, les choses ne bougent pas au rythme souhaité et les fractures territoriales s'accroissent sans que nous ne semblions pouvoir y faire quelque chose. C'est une logique de peuplement, une logique sociale et culturelle : tant que les quartiers continueront d'attirer une population homogène et socialement défavorisée, je ne vois pas comment les données sociales et culturelles pourraient changer. Les écoles pourront être neuves, les enseignants motivés et le personnel formé et plus nombreux que dans les zones classiques, les résultats resteront les mêmes. Des petits groupes d'élèves qui ont tous des difficultés d'intégration en tout genre n'auront jamais un niveau équivalent à des classes d'une trentaine d'élèves dans des secteurs préservés. Il y a une problématique qui est celle de la concentration des difficultés en un même endroit qui ne sortira que marginalement les habitants de la pauvreté et ne redonnera pas espoir aux habitants de ces quartiers, faisant de ces secteurs des zones en perpétuelle dégradation, fruit d'un cercle vicieux que nous ne savons pas briser.

Le constat est sans appel : sans sécurité et sans le retour d'une éducation qui mise sur la réussite, ces quartiers et leurs habitants seront toujours stigmatisés. Car oui, personne ne viendra volontairement dans ces quartiers s'ils sont toujours en proie à de la violence, de l'insécurité et des trafics. Quand la seule motivation pour habiter un tel quartier est économique, il ne faut pas se faire d'illusions. On peut répéter à l'envi le mot « *mixité* », la classe moyenne ne viendra pas habiter un quartier prioritaire si la sécurité n'est pas assurée. C'est d'ailleurs un phénomène très bien documenté.

Revenons au constat déjà évoqué qu'a brillamment effectué le sociologue Hugues Lagrange, évaluant en 2010 la situation de Mantes-la-Jolie dans les Yvelines. Il a bien noté, nous l'avons vu, que les « élites » des quartiers s'en éloignaient de plus en plus au fil des années, laissant ces derniers habités par des gens de plus en plus pauvres et au niveau social de moins en moins élevé. Lagrange remarquait aussi, et c'est très intéressant, que les populations étaient aussi culturellement remplacées. Ainsi, les personnes d'origines maghrébines commençaient à fuir ces quartiers pour aller ailleurs dès qu'elles en avaient les moyens et étaient remplacées par de nouveaux migrants, souvent d'origines subsahariennes et dont la tentation communautaire était encore plus importante. Bref, la ghettoïsation, malgré les efforts colossaux de l'État, semblait se renforcer plus que jamais dans un quartier, le Val Fourré, qui pourtant, fait partie de ceux qui ont le plus massivement bénéficié des aides de l'ANRU.

Il est aussi à noter, pour reprendre l'exemple des populations d'origine d'Afrique du Nord, que Lagrange pointait un phénomène que les populistes de droite comme de gauche se plaisent à masquer, car il ne les intéresse pas électoralement : l'intégration fonctionne plutôt bien pour les Maghrébins dont la deuxième génération accède plutôt bien à la classe moyenne, mais quitte ainsi les quartiers où elle a grandi, y perpétuant une certaine pauvreté bien malgré elle. À Rillieux-la-Pape, on n'échappe pas à ce phénomène, de nombreux jeunes de la deuxième génération, voire de la troisième, ont le bac, partent faire des études et bien entendu, ne s'installent pas dans la commune, préférant des quartiers et des communes ayant meilleure réputation. La mondialisation est également passée par là et, comme de plus en plus de nos compatriotes, ces jeunes de la troisième génération vont parfois chercher leur avenir ailleurs en Europe ou beaucoup plus loin dans le monde. C'est cela qu'il faut changer, justement en leur permettant de rester dans de bonnes conditions et dans une ville qui leur formule une promesse d'un avenir qui corresponde à celui qu'ils veulent se donner.

C'est pourquoi, à Rillieux-la-Pape, pour accompagner le plus important plan de rénovation urbaine de la Métropole de Lyon – trois cent vingt millions d'euros – nous investissons sur la sécurité et l'éducation. Cela paraît évident tant pour ce qui est la première des libertés, la sécurité, le socle sur lequel peuvent se baser toutes les politiques publiques, que pour l'éducation, qui, quoiqu'on en pense, reste le critère numéro un pour les familles lorsqu'elles s'installent quelque part.

L'urbanisme et l'humanisme doivent marcher ensemble. Le volet humain de la rénovation urbaine a toujours existé, mais on a trop pensé en termes socioculturels et beaucoup d'argent a été mis dans des associations dont certaines ont profité d'un certain effet d'aubaine pour recevoir des subventions pour une action qui n'était souvent pas spécialement liée au désenclavement des banlieues sensibles. De même, le volet sécuritaire de la rénovation urbaine n'a tout simplement jamais été très clairement défini, comme si la sécurité n'était pas clairement quelque chose d'absolument prioritaire en matière d'urbanisme et comme si la tranquillité publique n'était pas le critère essentiel de choix pour s'installer dans un quartier. Il ne faut pas non plus oublier que souvent, trop souvent, l'action culturelle, associative visant à l'insertion des publics issus des quartiers demeure une partie du problème en insistant, encore et toujours, au nom de la diversité, sur les origines réelles ou supposées des habitants plutôt que de leur donner des clés pour s'acculturer et s'intégrer en acquérant les codes de la société française. Ce fonctionnement en vase clos devient, nous y reviendrons, une partie du problème puisqu'il conduit souvent, à coup de subventions et d'argent public, les habitants dans une impasse.

C'est précisément pour éviter tout cela que nous avons choisi une voie différente à Rillieux-la-Pape. Je dirais même qu'il s'agit d'une question de philosophie. La conséquence de cette philosophie entraîne des répercussions concrètes en termes d'urbanisme, à Rillieux-la-Pape. Dans le cadre de ce grand plan de rénovation urbaine, une tour est ainsi soit détruite et reconstruite ou entièrement réhabilitée. Dans ce cas, nous atteignons un investissement de quarante-cinq mille à cinquante-cinq mille euros par appartement pour moderniser les équipements, améliorer les isolations énergétiques et phoniques. Cela permet de se situer dans une perspective à la fois de développement durable, mais aussi, et surtout, d'amélioration de l'habitat : l'isolation phonique est vitale dans ces quartiers et parvenir à ne plus vivre dans une caisse de résonnance est souvent un énorme progrès en termes de tranquillité de l'esprit.

C'est colossal et surtout c'est visible : des quartiers dont le simple nom était un repoussoir sont désormais plus beaux esthétiquement et donc deviennent plus attractifs. De même, le nouvel urbanisme que nous mettons en place vise à éviter les possibilités physiques de squats et se double également de l'installation de caméras de vidéo protection surveillées en temps réel avec une possibilité d'intervention quasi immédiate des forces de l'ordre. Par ailleurs, la ville a choisi de doubler le nombre de policiers municipaux et de leur permettre d'intervenir 7 jours sur 7 avec un objectif de 24 heures sur 24. Cela n'était pas dans le contrat que nous avons signé avec l'État et l'Agence Nationale pour la Rénovation urbaine pour la rénovation des quartiers, mais c'est un choix politique que nous avons fait, car justement, le but de ce nouvel urbanisme est que l'espace public soit pacifié. En partant du principe que la sécurité est la base de l'attractivité, et qu'elle seule pourra permettre de rassurer des habitants qui hésitaient jusqu'à présent à faire le choix de ce quartier pour s'y installer, y vivre et y apporter un nouvel élan.

Et l'État nous a suivis. En nous classant en zone de reconquête républicaine, les effectifs de police nationale augmentent de nouveau. Bien entendu, cet accent sécuritaire est forcément mal vécu par les délinquants et divers trafiquants qui se montrent de plus en plus violents, car leur business est désormais directement ciblé. Il faut comprendre que chaque saisie de drogue effectuée représente un manque à gagner non seulement pour le délinquant, mais aussi, et surtout, pour son fournisseur et son grossiste qui voient de la trésorerie disparaitre. Forcément, cela crée des tensions qui peuvent donner l'impression d'une crispation alors que c'est bien davantage un chant du cygne auquel nous assistons. Pour autant, et malgré des troubles, dont la motivation ne trompe pas les habitants, le fait de faire reculer physiquement la délinquance, de montrer que la police est présente en toute heure et en tout lieu est un facteur qui rassure.

L'autre pari que nous avons fait, notamment pour le quartier de la Velette, est de construire des zones plus résidentielles à proximité des quartiers de logements sociaux. C'est l'objet du programme des « balcons de Sermenaz » qui vise à promouvoir l'accession à la propriété au sein de résidences de standing bénéficiant d'une vue magnifique sur la région lyonnaise. Ainsi, les populations, en se côtoyant et se mélangeant, peuvent davantage se tirer vers le haut. C'est le phénomène de l'acculturation : des populations très éloignées des codes de la population française majoritaire fréquentent cette dernière et peuvent ainsi acquérir ces clés qui leur permettront, en les transmettant à leurs enfants et à leurs proches, de mieux s'intégrer, de moins se sentir rejetées et de prendre à leur tour un chemin plus vertueux vers une intégration économique, sociale et citoyenne dans une société française qui sera beaucoup plus encline à les accepter en son sein. C'est typiquement un parcours résidentiel qui peut intéresser les fameux jeunes qui quittent la commune après leurs études.

C'est un véritable pari sur l'avenir, mais j'ai bien conscience que ce pari ne sera réussi que si la mixité revient dans ces quartiers où sont concentrées les populations les plus fragilisées. Un des quartiers de Rillieux-la-Pape est le plus pauvre de la Métropole de Lyon avec un revenu mensuel de huit cents euros, il s'agit des Allagniers. À ce niveau-là, on ne parle même plus de ghetto, mais de trappe à pauvreté : une fois que l'on y est, on n'en sort plus et on s'enfonce, souvent définitivement, hélas. Mais le souci est aussi que même avec un salaire médian très faible et un taux de chômage important, il ne faut surtout pas oublier qu'une majorité des habitants travaillent et gagnent leur vie. Autrement dit, la personne qui touche le SMIC ou à peine plus et qui se voit contrainte, faute de mieux, de vivre dans ces quartiers doit, malgré tout, être un exemple pour les autres.

Et pour cela, il faut trouver un moyen de valoriser ceux qui tirent le quartier vers le haut. Souvent, les salaires les plus bas sont pour des emplois peu valorisés, dont les horaires sont compliqués, où souvent le temps partiel est la norme. Étant donné l'enclavement de ces quartiers, les gens qui y travaillent sont souvent obligés d'utiliser leur véhicule individuel pour se rendre sur leur lieu de travail. Autant dire qu'ils sont les premières victimes des incendies de véhicules et de la tension qu'il peut y avoir. Une voiture brulée est remboursée à sa valeur marchande et lorsque l'on parle de personnes qui touchent le salaire minimum, il est aisé d'imaginer qu'il sera impossible de remplacer le véhicule détruit avec la prime versée par l'assurance, plongeant la personne dans le cercle vicieux du chômage.

Ces habitants sont également souvent ceux que le spécialiste des ressources humaines Denis Maillard appelle le « back office ». Ces salariés que l'on remarque à peine et qui sont pourtant indispensables au bon fonctionnement de nos sociétés. L'année qui s'est écoulée nous a bien montré à quel point les magasiniers, caissières, agents d'entretien, de sécurité, ouvriers, personnel en charge du ramassage des déchets et tant d'autres étaient ceux qui ne pouvaient être ni remplacés, ni externalisés et que leur métier ne pouvait évidemment pas se faire à distance. Bien évidemment, nous les avons vite oubliés et ils sont rapidement retombés dans l'anonymat, hélas. Car personne, dans les centres-villes, ne se demande où ils vivent, dans quelle condition et ce qu'il se passe une fois qu'ils rentrent chez eux le soir. Ils sont réduits au rang d'anonymes, complètement transparents et l'on préfère souvent détourner le regard lorsque l'on pense aux conditions dans lesquelles ils vivent. Il est pourtant évident que la femme de ménage, la caissière, le balayeur, le cantonnier ne touchent pas de salaires suffisamment importants pour vivre là où ils travaillent, mais ils sont là, sous nos yeux, et nous les ignorons. Ou plutôt nous les ignorions jusqu'à ce que le pays se retrouve confronté à la crise sanitaire sans précédent qui nous les a rendus absolument indispensables.

La période des confinements et restrictions nous a montré ces gens qui travaillent au centre de nos villes, dans nos grandes surfaces, qui nettoient nos hôpitaux, qui ramassent nos poubelles, qui réparent les routes, qui gardent nos enfants… Mais nous avons trop peu parlé de là où ils vivent.

Et souvent, ils vivent dans ces quartiers sensibles, car ce sont les seuls endroits suffisamment proches des centres-villes où ils travaillent et où le logement leur est accessible. Souvent, ils sont issus de l'immigration, de la première ou de la deuxième génération et les belles âmes se bousculent pour leur rendre hommage sur les plateaux télévisés. Mais on se bouscule moins pour aller voir dans quelles conditions ils vivent, et les quartiers dans lesquels ils sont contraints de résider. C'est particulièrement choquant, car ces travailleurs pauvres ne revendiquent pas grand-chose souvent, ils ne sont même pas syndiqués, ils travaillent dans une grande précarité, au salaire minimum avec peu de possibilités de voir leur carrière évoluer. Mais ils vivent dans ces quartiers et sont les premiers à souffrir de l'insécurité et du mal-logement.

La concentration de pauvreté est donc le premier problème. Les différentes réglementations ont toutes visé à pousser les communes n'ayant pas suffisamment de logements sociaux à en construire. Cela a parfois, disons-le franchement, poussé certains élus peu scrupuleux à laisser bâtir un nombre très important de logements sociaux, pensant s'assurer une clientèle électorale qui leur permettrait de vivre des réélections faciles. Bien évidemment, l'histoire ne fut pas si simple que cela, car au bout du compte, les électeurs se rendent bien compte qu'ils sont utilisés et refusent d'être une chair à canon électorale. Si le fait de disposer d'un pourcentage minimal de logements sociaux sur sa commune était plutôt une idée séduisante, personne n'a réfléchi en sens inverse et aucune mesure n'a été prise pour aider les communes ayant un taux trop important de logements sociaux à aller vers plus de mixité sociale.

Selon moi, il ne faudrait en effet pas qu'une commune puisse dépasser les 50 % de logements sociaux. En effet, cela ne rend service à personne si ce n'est à des élus pratiquant une forme de clientélisme. Je sais que c'est un secret de polichinelle, mais pendant des années, les élus d'une certaine gauche ont bétonné leurs villes en HLM pour se constituer de confortables réserves électorales. Une fois ces ghettos constitués, qu'ont-ils fait pour les gérer ? Rien. Toute une partie de la classe politique a instrumentalisé la misère des plus fragiles à de fins brassements électoralistes. C'était le cas à Rillieux-la-Pape où la majorité socialo-communiste entretenait la misère pour prospérer électoralement. Lorsque je parle de ghetto, je pense que le mot est précisément celui-ci. Un ghetto, c'est un lieu d'où l'on ne sort pas, et où l'on vit en vase clos. C'était le cas des ghettos juifs des siècles passés, ce fut bien entendu le cas des ghettos noirs des grandes villes américaines et bien entendu des ghettos d'Afrique du Sud. On a construit des lieux où la population reproduit des codes culturels et ethniques qui limitent fortement sa possibilité de s'épanouir ailleurs. En effet, la sous-culture du ghetto, du quartier, empêche ensuite les habitants de s'insérer dans la société française. Lorsque vous vous promenez en centre-ville, on repère immédiatement les groupes qui viennent du « ghetto » : ils reproduisent des codes sociaux qu'ils ont appris au sein de leur quartier dont tout a été fait pour qu'ils ne puissent en sortir. Et quand ils n'ont pas le choix, ils exportent ces codes à l'extérieur et subissent fort logiquement un phénomène de rejet. Il faut aussi se mettre à la place de l'employeur qui se retrouve face à quelqu'un ayant grandi dans un de ces quartiers et en ayant des codes culturels qui ne sont bien évidemment pas compatibles avec le savoir-être de la société majoritaire.

La gauche paye très cher cette constitution de ghettos aujourd'hui puisque les villes de banlieues votent de moins en moins pour elle et que les quartiers les plus défavorisés leur sont de moins en moins acquis. J'ai pu le vérifier lors de la campagne pour mon deuxième mandat de maire : la totalité des bureaux de vote qui étaient censés m'être défavorables s'est portée sur la liste que je conduisais. Mais on a aussi pu remarquer un phénomène d'abstention massive. Pourquoi ces comportements électoraux ? D'abord parce que leurs habitants sont dégoutés et viennent garnir les rangs des abstentionnistes, et ensuite parce que ceux qui votent encore préfèrent davantage voter pour des candidats qui leur disent la vérité et essaient de faire bouger les choses, au moins en termes de tranquillité publique. C'est ainsi que la ville de France qui connait le plus fort taux d'abstention en France se situe non loin de Rillieux-la-Pape. Il s'agit de Vaulx-en-Velin. La population a chassé par les urnes, il y a quelques années, la majorité communiste pour la remplacer par une maire socialiste qui a fini par intégrer pour son deuxième mandat des personnalités du centre droit et s'est inspirée de notre politique en matière de sécurité en développant la vidéo protection et en armant sa police municipale, allant jusqu'à recruter des agents en poste à Rillieux-la-Pape, sans doute pour qu'ils puissent transmettre la culture de la pratique locale dans cette commune qui en avait bien besoin. Et puis, répétons-le : lors de l'élection législative de 2017, et surtout lors des municipales de 2020, les quartiers populaires de Rillieux-la-Pape, qui avaient toujours voté à gauche, ont tous placé en tête soit ma candidature, soit celle de la liste que je conduisais, toutes deux clairement étiquetées à droite.

Autrement formulé, le clientélisme électoral par la concentration de populations modestes a fait son temps. Les habitants sont les premiers à rejeter les promesses stériles et à se détourner des démagogues qui leur ont menti pendant des années. Ils privilégient très largement les candidats qui, sans promettre monts et merveille, sont capables d'un discours de vérité sur la sécurité et surtout sur la politique de peuplement des quartiers.

On m'a en effet souvent reproché, quand je suis devenu maire de Rillieux-la-Pape, d'annoncer publiquement que je voulais faire baisser le taux de logements sociaux sur la commune et le faire passer sous les 50 %. On m'a notamment accusé de faire de la chasse aux pauvres. Mais ceux qui racontent ce genre de choses imaginent-ils vraiment qu'un défilé de limousines va se mettre à envahir Rillieux-la-Pape et que des millionnaires vont remplacer les « pauvres » ? Cela ne se passe pas comme cela, évidemment ! Bien au contraire, faire passer le seuil de logements sociaux sous les 50 % est très clairement une façon de remettre la classe moyenne au centre du jeu, et le sens de l'histoire le montre : la classe moyenne a tendance à tirer les classes populaires vers le haut.

Les logements non sociaux que nous créons sont réservés aux primo-accédants. Ce sont justement des logements pour que les travailleurs modestes qui n'en peuvent plus puissent rester sur la commune et investir dans leur propre logement, devenant propriétaires, plutôt que de partir loin de la ville, faute de proposition abordable pour eux. Ce sont aussi ces logements qui permettent à la classe moyenne chassée des centres-villes par le phénomène de gentrification de trouver une alternative raisonnable et pas trop éloignée de leur lieu de travail.

Donc oui, je l'affirme ici, pour assurer une bonne répartition de ces logements, il faut dans évidemment imposer un seuil minimal de 20 % de logements sociaux obligatoires dans toutes les communes. Chacun doit prendre sa part, ça n'est que de cette manière que nous mettrons fin à la logique de ghettos qui met en tension la société française. Mais il faut aussi aider les communes qui ont trop de logements sociaux à faire baisser ce taux, c'est une question de justice sociale et de réduction des inégalités. Cela devrait d'ailleurs être une priorité de la gauche, mais on en est encore très loin. Disposer de plus de 50 % de logements sociaux sur une commune, surtout si ces derniers sont concentrés sur un quartier, c'est condamner sa population et lui fermer une porte vers l'intégration dont elle aurait pourtant bien besoin.

De nouvelles modalités incluant la mixité doivent encadrer la construction des nouveaux logements. On ne peut plus continuer à construire des ensembles 100 % sociaux et 100 % privés. Les bailleurs et les constructeurs doivent chacun intégrer une part de logements sociaux pour les uns et une part de logements privés pour les autres. Concrètement, sur un immeuble de quinze appartements, un constructeur doit en dédier quatre pour loger des personnes éligibles aux logements sociaux. En contrepartie, un bailleur devra suivre la même logique : sur quinze appartements dans un immeuble de logements sociaux, quatre devront être destinés à la location ou vente privée. Cette mixité à 30 % au sein même des montées d'immeubles combattrait efficacement les stratégies d'évitement par le logement des « gated-community » (résidences ultra-sécurisées à proximité des quartiers classés en politique de la ville) et pourrait contribuer à créer un écosystème équilibré favorable à un véritable vivre-ensemble du quotidien. Si l'on y réfléchit, on arrive à un système qui se rapproche de celui en court à Singapour, qui est l'un des États les plus riches du monde par habitant. Les Singapouriens sont propriétaires à 90 % de leur logement, mais les appartements au sein des tours d'habitations dans lesquelles les habitants sont propriétaires sont vendus en fonction de l'origine et du profil social des habitants. Bien entendu, il n'est pas question d'en arriver là en France, mais force est de constater que ce genre de système visant à mixer les populations peut fonctionner.

Enfin, les bailleurs doivent s'interroger sur le sort des locataires qui ont payé vingt-cinq, trente ou quarante ans de loyers sans pour autant devenir propriétaires. Il faut envisager une accession à la propriété pour les locataires longue durée qui ont largement rentabilisé le logement du bailleur. Ce coup de pouce sécuriserait bon nombre de personnes issues de la classe moyenne et qui n'ont pas eu l'opportunité de devenir propriétaires, notamment dans nos métropoles où les loyers et l'accessibilité sont de plus en plus irraisonnables. De même, l'attribution à vie des logements doit être remise en cause. Les familles qui ont eu besoin d'un T4 ou T5 n'ont plus besoin d'autant d'espace une fois les enfants partis. Cette gestion pragmatique correspondrait mieux aux besoins des populations.

Mais pour tout cela, il faut plusieurs choses : d'abord, il faut de la confiance. Confiance envers les bailleurs et les élus locaux. Il faut ensuite de la souplesse. Car il est excessivement difficile, techniquement, pour un bailleur de signifier à quelqu'un qui occupe un cinq pièces de le quitter. Et lorsque cela a lieu, le locataire a évidemment de nombreuses raisons de s'y opposer et de contester cette décision. Là encore, il faut clairement que les acteurs publics disposent des moyens de manœuvrer en douceur afin de rendre plus fluide et beaucoup plus juste le parcours résidentiel, notamment dans les quartiers populaires. Ce n'est qu'une question de volonté, ce n'est qu'une question de courage.

Chapitre V

Nouvelle citoyenneté

Quotidiennement, nous sommes confrontés à la même petite musique qui nous raconte que notre jeunesse ne se sent plus liée à la République, que la citoyenneté n'a plus de sens, que l'on ne respecte plus les valeurs de la France, que le sentiment patriotique s'estompe… Rien de tout cela n'est faux, mais le constat est plus profond que cela. L'émergence des questions identitaires, partout, dans tous les débats, nous a fait oublier que ce qui nous unit, en République, et censé être plus fort que ce qui nous divise. Il y a donc urgence à trouver de nouvelles formes, symboliques et concrètes, qui permettent de rattacher le citoyen à la République, le Français à sa patrie.

Cette refondation en profondeur de notre pacte social est plus que jamais nécessaire face à l'essoufflement du sentiment d'appartenance. Les interminables débats autour de l'identité nationale révèlent notre incapacité à nous définir en tant que groupe. Une identité qui n'est plus évidente est débattue, voire contestée. Si la définition de notre identité peut être soumise à une certaine subjectivité, celle de citoyenneté est objective. Il s'agira donc dans un premier temps non pas de nier l'identité française, mais de se focaliser sur ce que nous faisons en France, sur le contrat que nous passons avec la nation française.

Je préfère être clair sur ce sujet, il n'est pas question pour moi de m'engouffrer dans les interminables débats sur le lien entre identité et religion par exemple. Sur Rillieux-la-Pape, nous nous battons au quotidien pour éviter la communautarisation et le repli religieux, notamment islamique comme l'a bien montré dans son livre paru en 2019 mon ancien chef de cabinet, le politologue Arnaud Lacheret. Nous nous posons évidemment la question : « Pourquoi des habitants, souvent jeunes, se tournent d'un seul coup vers une identité religieuse qui est souvent éloignée de celle de leurs parents au détriment de celle, plus naturelle, liée au pays qui les accueille et qui est censé leur donner les moyens de leur épanouissement. »

Poser cette question a longtemps été synonyme de stigmatisation d'une partie de la population, mais je tiens tout de même à ouvrir ce point. En tant que maire de banlieue, je dois régulièrement m'opposer à de l'entrisme communautaire, je dois lutter pour faire respecter la laïcité tout en permettant à toutes les croyances de s'exprimer.

Je suis aussi surpris par la surenchère politique sur certains points dont on constate bien que ceux qui en sont les auteurs ne vont que rarement dans les quartiers populaires et surtout, qu'ils ne sont pas conscients de l'impact que leurs propos peuvent avoir. Pensons par exemple à ceux du polémiste Éric Zemmour. Sur le fond, il dit clairement les choses : on ne sait plus dire ce que c'est qu'être Français. Pour autant, ce n'est pas en pointant du doigt ceux qui font ce qu'ils peuvent pour s'intégrer que l'on sortira de l'ornière. Essentialiser une population, une religion, ne pourra que la maintenir en communauté.

Il en est de même avec des responsables du Rassemblement National par exemple, mais aussi de la droite traditionnelle, qui parlent d'interdire le voile islamique sur la voie publique. D'abord, ce genre de choses ne me paraît pas raisonnable, car cela n'est fait nulle part dans le monde, et puis surtout, si on l'interdit, on aura forcément un mouvement de repli qui aura l'effet inverse de celui escompté.

En effet, lorsque l'on interroge des jeunes femmes voilées sur la raison qui les a poussées à porter ce qui est un symbole à la fois prosélyte et surtout matérialisant une infériorité puisqu'il les dissimule aux regards des hommes, on a plusieurs types de réponses qui convergent toutes en un point précis.

On a d'abord les femmes qui expliquent que c'est une obligation religieuse et qu'elles n'ont donc pas le choix. Ce type d'attitude est très clairement le signe qu'une vision stricte de l'islam a pénétré leur esprit et que les prédicateurs qui font ce type de choses doivent être combattus. Ici, nous sommes sur une vision intégriste, fort heureusement minoritaire, mais dont nous savons à quel point elle peut saper les fondements de notre vie en commun.

On a aussi celles, qui sont assez nombreuses, qui se voilent pour éviter de se faire remarquer dans le quartier. La place de la femme dans les quartiers populaires est en effet à ce point difficile que parfois le voile empêche d'être prise à partie et traitée comme une fille facile. Il m'est difficile de porter un jugement négatif sur ce genre de justifications, qui sont loin d'être rares en condamnant celles qui le portent pour ces raisons, car ce voile symbolise une faillite de nos politiques et un échec patent de la République à assurer la sécurité de ses enfants.

On trouve de nombreuses autres explications, comme celle de l'aboutissement d'un chemin spirituel, c'est-à-dire qu'après plusieurs années, on fait le choix de porter un voile, car il s'agirait d'un renforcement de sa foi religieuse. Là aussi, à partir du moment où cela ne gêne pas autrui, il est compliqué de se poser en censeur de son port sur la voie publique.

Mais ce qui est commun à toutes les explications est un mouvement de réaction qu'il est difficile de comprendre. En dialoguant, on s'aperçoit que systématiquement elles ont l'impression d'être instrumentalisées, d'être des objets de débats politiques, d'être pointées du doigt et on sent que ce voile est aussi une réaction, une rébellion, face à une société dont on a l'impression qu'elle ne les accepte pas. Il est donc évident que plus on les traitera d'objets politiques, plus la dimension politique du voilement sera importante et plus des mouvements islamistes en feront un étendard.

Ce choix de faire du voile un étendard est un sujet qui dépasse largement les frontières nationales. En 2021, deux pays francophones ont changé de gouvernement, écartant les islamistes du pouvoir. Il s'agit de la Tunisie et du Maroc. Au Maroc, les maires des trois villes les plus importantes, Rabat, la capitale, Marrakech et Casablanca sont des femmes et aucune d'entre elles ne porte le voile. Le nouveau gouvernement marocain issu de la majorité qui a battu les islamistes dans les urnes compte sept femmes dont aucune ne porte le voile. La nouvelle femme nommée à la tête du gouvernement tunisien suite à l'éviction des islamistes du pouvoir, Najla Bouden, n'est également pas voilée.

Autrement dit, dans les pays d'origine des grands-parents ou des parents de nombreuses jeunes femmes françaises se mettant à porter le voile, les femmes qui arrivent au pouvoir ne le portent pas. Cela signifie que quand il ne s'agit pas d'un sujet politique et que l'on ne le brandit pas pour glaner quelques suffrages, il est possible de le faire reculer par d'autres moyens, visiblement beaucoup plus sains.

Dans les faits, il est difficile de ne pas voir de corrélation entre les poussées de fièvre liées au débat sur l'identité, l'islam de France et son lot de prises de position tribunitiennes et l'augmentation de l'orthodoxie dans la pratique religieuse. Je sais bien qu'il y a beaucoup d'autres explications et que les prêcheurs de haine sont partout et qu'ils sont parfois bien financés, mais il est difficile de ne pas entendre cette réaction et cette impression que plus on tient des propos durs sur l'islam et les musulmans, plus ces derniers adoptent des pratiques identitaires.

C'est pour cela que selon moi, il ne faut pas pousser trop avant le débat sur l'identité tant que celui sur la citoyenneté n'est pas clairement posé. Les Français d'origine nord-africaine de deuxième et maintenant de troisième génération s'intègrent relativement bien malgré les clichés un peu faciles. On trouve de plus en plus de cadres, de professions intermédiaires, de chefs d'entreprise, de fonctionnaires, de professeurs dont les noms ne sont pas très gaulois et personne ne s'en offusque. Il ne faut pas hystériser ce débat sur une intégration qui, mine de rien, fonctionne. Bien entendu, elle ne fonctionne pas aussi bien qu'on le voudrait, mais il est faux, statistiquement, de dire que rien ne va. Au passage, les chefs d'exécutifs locaux sont souvent les premiers à mettre en valeur des profils issus de la diversité. On ne compte plus le nombre d'adjoints au maire, et désormais de maires, de droite comme de gauche, qui sont issus de cette diversité sans que cela ne dérange strictement personne. C'est peut-être un signe que la citoyenneté finit par l'emporter sur l'identité.

Mon analyse de terrain, qui n'est certes que partielle et ne reflète que mon point de vue, me fait penser qu'il faut davantage passer par la citoyenneté que par l'identité, car j'estime que la seconde viendra de la première. Ernest Renan parlait de la France comme d'un plébiscite de tous les jours, en opposition à l'Allemagne qui était une nation plus ethnique. Il nous faut renouer avec ce plébiscite, il faut que les Français de toute origine et ceux qui aspirent à le devenir retrouvent quelque chose en commun au sein de la République avant de se lancer dans le débat complexe de l'identité nationale.

C'est pourquoi je pense que la défense du contrat social passe par une refondation de la citoyenneté française.

Cette nouvelle citoyenneté pourrait d'ailleurs être abaissée à l'âge de seize ans. Mais dans ce cas, il faudrait abaisser la totalité des devoirs et obligations à seize ans. Si l'on vote, on doit aussi être jugé comme un majeur. Cela passe aussi par une réponse pénale adéquate, car, le psychiatre Maurice Berger l'écrit fort bien, si la sanction ne tombe pas dès la première infraction, le rapport à l'autorité et à la puissance publique n'est plus du tout le même. La citoyenneté doit aussi passer par la justice.

Cette barrière de l'âge n'est pas un tabou absolu et n'assurera pas, contrairement à ce qui est souvent dit, une majorité de gauche automatiquement. En Autriche, le droit de vote est octroyé à dix-sept ans et force est de constater que l'ex-chancelier conservateur Sebastian Kurz, s'il est jeune, n'est pas exactement un gauchiste.

Ce gage de confiance à l'égard de notre jeunesse contrebalancerait l'aspect gérontocratique de notre démocratie et cela nous permettrait de donner le droit de vote à une génération qui manifeste pour le climat, contre les discriminations, et qui a déjà une conscience politique. Cela pourrait aussi pousser notre société à davantage s'intéresser aux jeunes et à leur avenir dans une France qui se détourne de plus en plus d'eux. Les investissements réalisés, qu'ils soient publics ou privés, ne ciblent pas vraiment ceux qui feront la France de demain et je pense très sincèrement que c'est aussi parce qu'ils n'ont jamais vraiment voix au chapitre que l'on se détourne d'eux : on flatte hélas les électeurs, pas ceux qui ne votent pas, c'est un des défauts du système démocratique (fort heureusement compensé par de nombreux avantages qui en font le pire système à l'exception de tous les autres pour paraphraser Winston Churchill).

Cette citoyenneté est la condition première d'accès à la solidarité nationale. Mais elle ne doit plus être une formalité administrative, elle doit se mériter.

Nous avons trop souvent ouvert des droits tout en supprimant des devoirs, ce qui est l'exact inverse de la notion de citoyenneté.

Les états où se délite le lien social ne sont évidemment pas ceux qui donnent le moins de droits, mais souvent ceux qui donnent le moins de devoirs. Lorsque l'on ne donne rien à sa patrie, il n'est pas étonnant que ceux qui la dénigrent soient écoutés. Pour le cas de la France, il suffit simplement d'écouter le désarroi de la population : les transferts sociaux sont pourtant très importants, l'école est gratuite, la santé est très peu chère, les minima sociaux, le salaire minimum, l'assurance chômage... Ces termes sont souvent complètement inconnus en dehors de notre pays et pourtant les gens se plaignent. Ils se plaignent de ne pas avoir assez, ils se plaignent de ne pas être écoutés, ils se plaignent afin de conserver tel ou tel avantage corporatiste... Mais ils oublient trop souvent que cette relation à la nation doit aller dans les deux sens.

Au passage, cette absence de devoirs est un véritable danger en termes de confiance dans les autorités. En effet, si l'on est habitué à ce que tout tombe naturellement sans contrepartie, on finit par croire que tout nous est dû. Et lorsque le moindre effort collectif est demandé, le soupçon à l'encontre du pouvoir devient un poison. On le constate beaucoup sur les réseaux sociaux : le pouvoir est systématiquement contesté et en définitive, les gens se tournent vers une admiration pour des régimes et des leaders politiques qui sont souvent loin d'être de grands démocrates et dont les intérêts vont parfois à l'encontre de ceux de la France.

Nous ne pouvons pas nous contenter d'entendre que la France est un pays de râleurs et que c'est comme cela. Oui, les Français ont une tradition de contestation, mais notre peuple est aussi un de ceux qui ont réinventé la citoyenneté, le patriotisme. Ces valeurs ont disparu et aujourd'hui, on ne parle que de droits. La citoyenneté semble se résumer à une somme de redistribution sociale, une somme de choses gratuites qui ne permet pas de souder notre société, de souder une patrie.

Il y a plusieurs décennies, le service militaire se chargeait de forger une conscience citoyenne où chacun apprenait à aimer la France dans toute sa diversité. Sa suppression correspondait aux évolutions de la société, il ne faut pas la regretter, mais imaginer un système qui produirait les mêmes effets tout en respectant les nouveaux modes de vie : longues études, mobilités... Vouloir le retour du service militaire a en effet nettement moins de sens aujourd'hui, dans un contexte où la France n'est pas menacée par des puissances étrangères qui nécessiteraient que tous les jeunes hommes soient mobilisés, et où les opérations qu'elle mène à l'extérieur de nos frontières nécessitent pratiquement que des soldats d'élite.

Il faut donc trouver un mécanisme symbolique qui permette de rendre à la France ce qu'elle nous apporte. Emmanuel Macron parlait, pendant sa campagne, de réenchanter le rêve français. Le terme était bien trouvé même s'il n'a pas vraiment fait grand-chose en ce sens et il faut bien concéder que la conjoncture et les événements ne lui ont pas spécialement facilité la tâche.

Ce que je propose donc, c'est un service citoyen qui soit obligatoire. Cette étape indispensable dans le processus d'acquisition de la citoyenneté serait un service à la Nation d'une durée de cinq cents heures au total qui devrait être effectué entre seize et vingt-six ans. Autrement dit, vous devez rendre un service au pays dans le cadre d'une association reconnue d'utilité publique, un service public, une mission civile ou militaire... d'une durée de douze semaines aménagée de la manière que vous souhaitez sur une période de dix ans. À l'heure où l'on recrute des professeurs vacataires sur les réseaux sociaux, à l'heure où l'on ne trouve souvent personne pour aider les enfants à traverser les routes devant les écoles, au moment où le nettoyage sur la voie publique n'est parfois pas réalisé, quand parfois, les associations reconnues d'utilité publique ne trouvent personne pour aller accomplir leur mission de solidarité, il est important que la jeunesse puisse s'engager. Et cet engagement permettra justement d'ouvrir des droits en contrepartie.

Si vous êtes incapables de faire cet effort pour la Nation, elle n'en fera pas en retour pour vous. Le ressortissant français bénéficie bien entendu toujours de ses droits civiques en raison de sa citoyenneté, mais ne sera par exemple plus éligible au RSA, au logement social et à toutes formes de solidarité ne provenant pas des cotisations et du mécanisme assurantiel. Ne pas effectuer ce service citoyen fermerait également les portes de la fonction publique y compris la haute administration. Les énarques, les magistrats… tous les hauts fonctionnaires devront également passer par ce service, sinon, ils ne pourront pas exercer. Il va de soi que tout élu de la nation devra également être passé par ce type d'engagement.

Une société, ce sont des droits et des devoirs. Notre sentiment d'appartenance est miné par les suspicions, on entend sans cesse des phrases teintées d'agacement sur untel qui bénéficierait du RSA alors qu'il ne le mérite pas… En l'occurrence, tous les citoyens signeraient à nouveau ensemble le fameux contrat social à l'occasion de ce service à la Nation. Bien évidemment, les modalités de ce fameux service citoyen seraient à définir, mais le fait qu'il soit obligatoire pour pouvoir bénéficier de la solidarité nationale apporte quelque chose, me semble-t-il. En cas de naturalisation, le principe serait également le même : un nouveau Français devrait passer par cette étape pour pouvoir valider pleinement son accès à la citoyenneté.

Nous sommes ici au cœur de la notion de contrat social théorisée par Rousseau, mais aussi par les Britanniques Hobbes et Locke : celui qui veut faire partie de l'ensemble et bénéficier des services de l'État doit donner une partie de lui-même. Pour les philosophes des lumières, cette notion de concession pouvait aller loin, mais ce que je propose ici est beaucoup plus symbolique : nul besoin de donner son sang ou sa vie, mais simplement quelques heures de son temps.

Je propose également que le principe de la solidarité nationale, lui-même, soit questionné. Le principe de l'assurance chômage par exemple, assez unique en son genre, repose sur le mécanisme assurantiel obligatoire. Autrement dit, les salariés et les employeurs cotisent pour garantir un risque : celui de perdre son emploi. Toutefois, la solidarité repose sur la confiance et pour bénéficier de l'aide assurantielle, il ne faut pas uniquement avoir des droits ouverts.

L'assurance chômage repose en effet sur le principe selon lequel la personne sans-emploi doit rechercher activement un emploi et se donne les moyens d'être recrutée. Il est d'ailleurs du ressort de Pôle Emploi de proposer des offres correspondantes au profil des personnes en question.

Si ces conditions d'employabilité ne sont pas réunies, il est difficile de comprendre pourquoi le versement de l'assurance chômage serait maintenu. Des modes de vie qui ne correspondent pas à nos valeurs constituent de façon évidente des obstacles vers l'emploi. Ces attitudes volontairement autodiscriminantes sur la voie de l'insertion n'ont pas à être cautionnées par notre système. Là encore, nous disposons d'un moyen d'action concret pour rétablir l'adhésion à notre solidarité nationale.

Bien entendu, une nouvelle fois, la typologie de ces attitudes devra être discutée attentivement de façon à ne pas commettre de maladresse et donner l'impression de stigmatiser quiconque. Toutefois, il est évident que les premiers concernés que sont les agents Pole Emploi sont assez bien placés pour aider le législateur à définir les critères d'employabilité. Une nouvelle fois, je suggère de passer par l'échelon le plus proche du terrain afin de se faire une idée la plus claire possible du réel et de la façon de le prendre en compte. À titre d'exemple, quelqu'un qui ne respecterait pas l'égalité entre les femmes et les hommes, qui ferait preuve de discrimination ou qui serait radicalisé pourrait difficilement prétendre qu'il met tout en œuvre pour trouver un emploi.

Cette nouvelle citoyenneté serait également numérique. Internet est la nouvelle agora de notre démocratie avec ses qualités et ses défauts. Des choses intelligentes et constructives s'y disent, tout comme l'inverse. Il ne s'agit pas ici d'envisager une quelconque censure, mais de responsabiliser un peu plus les internautes. L'anonymat qu'offrent Internet et ses nombreuses plateformes permet l'outrance, l'insulte ou la calomnie sans faire courir le moindre risque à leurs auteurs. Cette impunité fragilise la liberté d'expression et dévalue ce formidable outil.

Nous avons en ce moment une double tendance sur les réseaux sociaux, deux courants qui se heurtent violemment. D'abord, les géants américains se mettent à se sentir investis d'une mission de censure qui est difficilement supportable dans nos vieilles démocraties. La Pologne et la Hongrie ont récemment décidé d'adopter des lois qui rendent la liberté d'expression sacrée et justement peuvent permettre aux tribunaux d'attaquer les réseaux sociaux et les astreindre à rétablir les comptes suspendus si le droit national autorise l'expression censurée. La France, dont le poids démographique est beaucoup plus important que ses partenaires d'Europe centrale, doit s'inspirer de ces législations et ne pas hésiter à entamer un véritable bras de fer avec ces sociétés que l'on appelle les GAFAM. Il n'est pas normal, par exemple, que le compte Twitter de la jeune Mila, qui vit cloitrée et sous surveillance policière, ait été arbitrairement fermé en mars 2021 pour harcèlement alors que ses propres harceleurs ne craignent strictement rien.

En contrepartie de cette réaffirmation judiciaire de la liberté d'expression assortie de sanctions contre les opérateurs, il faut aussi se battre contre le deuxième courant qui traverse le monde en ligne : celui de la haine et du harcèlement dont on ne fait que commencer à mesurer les dégâts. Les débats sont déjà suffisamment tendus pour qu'on évite de jeter inutilement de l'huile sur le feu. Je propose donc de mettre fin à l'anonymat sur les réseaux sociaux en exigeant des opérateurs qu'ils demandent une carte d'identité au moment de l'inscription. Appliquons un principe simple : une carte d'identité derrière chaque pseudo.

En cas de propos discriminant ou contrevenant à la Loi du 29 juillet 1881 sur la liberté de la presse, qui définit les libertés et responsabilités de la presse française, il sera plus aisé de confondre les auteurs et de les placer face à leurs responsabilités. Nous pouvons même envisager un système de permis à points qui, à l'instar du permis de conduire, viendrait sanctionner les comportements qui ne respecteraient pas une certaine forme de bienséance.

Le fait d'exiger une pièce d'identité ne signifiera pas forcément la fin de l'anonymat sur le net. Tous les pseudos ne sont évidemment pas amenés à être dévoilés. Toutefois, lorsque les propos tenus relèvent du pénal, il sera beaucoup plus simple d'agir rapidement et fermement quand les auteurs sont français. Il ne faut pas oublier que ce qui arrive à Mila, ce qui est arrivé à Samuel Paty et à tant d'autres n'a été possible que parce que les réseaux sociaux sont anonymes et que sur Twitter, Tik Tok, Snapchat ou Instagram par exemple, la masse des attaques anonymes en ligne rend le harcèlement d'autant plus insupportable notamment pour les jeunes esprits. À partir du moment où l'utilisateur d'un pseudo sait qu'il est rapidement identifiable, gageons que, comme la personne qui sait qu'elle est filmée, il utilisera un ton plus posé et beaucoup moins agressif.

Chapitre VI

Des institutions à réformer

Au bout de quelques années de mandat au cœur de l'action, dans une ville populaire, au cœur d'une métropole, une chose apparait claire : le système dysfonctionne. Pas forcément au niveau local d'ailleurs. Les maires et élus municipaux jouent un rôle clé de par leur proximité avec les électeurs, de par leur connexion avec le peuple et ceci indépendamment de la taille de la commune. Il existe entre le premier magistrat d'une commune et les habitants un lien complexe qui n'est pas forcément corrélé avec la taille de la commune administrée. On peut être maire d'une ville de centaines de milliers d'habitants et se sentir lié aux habitants autant que l'édile d'un petit village rural.

Un maire comme Gérard Collomb par exemple ne connaissait pas tous les Lyonnais et ces derniers n'avaient pas accès à leur maire. Toutefois, il y avait quelque chose d'indéfinissable qui faisait qu'il respirait sa ville, qu'il l'incarnait. Bien entendu, il avait ses idées politiques, qui souvent n'étaient pas les miennes, mais on ne pouvait pas dire qu'il était éloigné des préoccupations des habitants. Quelque part, son successeur, par l'ampleur de ses échecs et de ses erreurs et par la forme de rejet qu'il peut inspirer, s'inscrit dans cette tradition. Ainsi, il est impossible pour quelqu'un de déconnecté ou d'éloigné de la réalité du quotidien des ses administrés d'exercer réellement un mandat local comme celui de Maire.

La métropole de Lyon, instaurée le 1er janvier 2015, en est le contre-exemple absolu. Le président de la métropole, qui a un budget plus important, des pouvoirs et compétences plus vastes que le maire n'existe pas politiquement autant que le maire de Lyon en termes de proximité ni en termes de pouvoir politique symbolique d'ailleurs. Il n'est pas « dans la métropole » comme le maire est « dans la ville », il n'incarne pas grand-chose alors que le maire d'une commune voit son nom mêlé éternellement à l'histoire de cette dernière. Ce n'est pas une question de personne, c'est une question souvent irrationnelle dont seuls les maires peuvent percevoir à quel point cette relation peut être forte.

Cet exemple permet d'illustrer le fait que la taille de la commune n'est pas le facteur le plus important pour créer un lien de proximité entre son premier magistrat et sa population. Le maire, et à fortiori dans une ville populaire de trente mille habitants, située en banlieue, a un lien physique avec ses habitants, il développe une certaine empathie, dans le sens où il est le réceptacle du terrain, des émotions de la population. En cela, il est directement connecté au « peuple » dont parlent les élus nationaux et il est souvent le seul et unique élu à disposer d'une telle connexion. Il est donc évident que lorsque l'on parle d'une ville moyenne où se concentrent les problématiques économiques, sociales, urbaines et politiques, le lien avec la population a forcément quelque chose de charnel. Mes prédécesseurs à l'hôtel de ville de Rillieux-la-Pape, qu'ils aient déçu ou qu'ils aient été admirés, ont également eu ce lien organique avec la population.

Le premier maire de Rillieux-la-Pape, Marcel André, dispose d'une aura légendaire, d'une forme de patronage, de magistère moral sur la ville et son nom n'est prononcé qu'avec une certaine admiration mêlée d'une forme de dévotion qui prêterait à sourire quiconque ignore le système politique des mairies françaises. Ses successeurs socialistes ont laissé des souvenirs plus mitigés, mais dans l'admiration comme dans le rejet, il y a quelque chose de sentimental entre la population et l'image qu'ils se font de leurs anciens maires qu'un étranger découvrant notre pays et ses institutions aurait sans doute du mal à comprendre et à percevoir.

Le problème, c'est que la plupart des sollicitations dont fait l'objet le maire ne sont pas vraiment de son ressort, alors que les citoyens attendent légitimement des réponses. Et c'est ici que le choc avec les institutions nationales est souvent le plus violent, c'est ici que l'on perçoit le fameux écart entre le peuple et les élites de façon la plus évidente. S'il existe, nous l'avons bien vu, un lien organique entre le maire et le peuple de sa ville, ce lien est souvent dépourvu de toute rationalité politico-juridique. On va voir son maire sans se soucier vraiment de la réalité de son pouvoir, tout simplement, car il est le symbole d'un pouvoir que personne d'autre ne semble avoir à ce point, le signe incarné de la puissance publique revêtu du sceau de la légitimité populaire au sein du territoire qu'il est supposé administrer.

Pour autant, les représentants de l'État, le gouvernement, et même le Président de la République ne sont pas là par hasard, ils sont les représentants d'un héritage institutionnel fort qui nous garantit une certaine stabilité : la Ve République. Cette République est avant tout un ensemble institutionnel puissant, une part de notre identité, qui permet d'être à la fois un système démocratique, autrement dit basé sur la volonté populaire et porteur d'un certain nombre de valeurs qui nous permettent d'être bien plus qu'une simple communauté humaine, vivant en commun, et de porter un message à vocation universaliste, de parler d'une voix forte au reste du monde et d'incarner quelque chose qui dépasse largement ce qu'un pays de soixante-sept millions d'habitants devrait incarner.

Loin de certains représentants autoproclamés du peuple qui prétendent tout transformer par une constituante ou une VIe République, je pense qu'il nous faut maintenir notre confiance dans l'héritage institutionnel du Général de Gaulle. Après tout, ce dernier se voulait au-dessus des partis et souhaitait une élection au suffrage universel afin de maintenir un lien direct entre le Président de la République et le peuple. On a longtemps critiqué ce système, du temps de De Gaulle et bien entendu après lui. On dit souvent qu'il n'était conçu que pour un homme ayant la stature du Général, on a aussi parlé de monarchie élective. Et pourtant, ce système a tenu bon, même s'il a dû s'adapter en un sens, nous le verrons rapidement, ce qui a parfois dénaturé assez profondément l'esprit de nos institutions.

L'héritage politique du Général de Gaulle est immense, nous en redécouvrons chaque jour de nouveaux aspects. À titre d'exemple, et cela peut paraître anodin, lorsque le Président Emmanuel Macron annonce qu'il va relancer le nucléaire civil en France, on oublie que c'est grâce à une décision du Général de Gaulle, lorsqu'il a promu un physicien ouvertement communiste, Frédéric Joliot-Curie, à la tête de ce qui allait devenir le Commissariat à l'énergie atomique, que la France est parvenue à industrialiser l'énergie atomique qu'elle a fait découvrir au monde grâce à Pierre et Marie Curie. Aux États-Unis, une telle promotion eut été inenvisageable et c'est pourtant grâce à cela que la France a pu garder une avance scientifique considérable en la matière. De Gaulle a ainsi, et ce n'est qu'un des nombreux exemples qui est mis en évidence aujourd'hui, considéré que l'avenir stratégique du pays était trop important pour ne pas promouvoir le plus grand savant de notre époque à la tête de notre filière nucléaire alors qu'il était ouvertement politiquement lié à une puissance étrangère.

C'est bien entendu grâce à De Gaulle que la France a pu revenir dans le jeu des Nations après la Seconde Guerre mondiale, en imposant la France à la table des vainqueurs alors que son rôle était plus que discutable. C'est aussi le Général de Gaulle qui lança la décolonisation, comprenant que les peuples africains et asiatiques ne pouvaient plus continuer à vivre dans ce système qui commençait à battre de l'aile, mais que son camp politique plébiscitait. Les institutions qu'il a mises en place sont remarquables, elles garantissent l'unité de la Nation tout en garantissant sa pluralité. Certains lui reprochent son aspect monarchique, ils ont raison. Après tout, la France n'a jamais complètement rompu avec son héritage monarchique et ce n'est pas en coupant la tête d'un roi que les choses ont changé. Mais ce qu'ils voient comme un défaut fait justement toute l'efficacité de la Ve République. En France, l'État est indiscutablement lié à la Nation, c'est un concept que nous avons quasiment inventé du reste. Et l'État-nation est notre force et ce n'est pas un changement d'institution ou de régime qui pourra modifier cela de quelque manière que ce soit : il s'agit ici d'un des marqueurs profonds de notre identité.

Au fond, le rôle du Président de la République tel que conçu par De Gaulle ressemble beaucoup à ce qu'est le maire aujourd'hui : le lien direct avec la population, l'incarnation de sa ville dans ses joies comme dans ses errements, le résultat d'une élection directe qui se fait sur les qualités de la femme ou de l'homme qui se présente devant les électeurs. Finalement, le maire est, à son corps défendant, le dernier vrai représentant gaulliste en France. Le fait de tenir sa légitimité du peuple, de rechercher en permanence ce contact direct tout en essayant de s'élever au-delà des intérêts partisans, privilégiant l'intérêt général à celui de son camp, c'est typiquement ce que devrait être le mandat du maire et c'est ainsi que la plupart d'entre nous conçoivent cette mission. Au passage, tout comme nous le sommes souvent, le Président de la République est très fréquemment sollicité par les Français à propos de problèmes pour lesquelles il n'est souvent pas vraiment compétent directement.

Et c'est justement mon expérience de maire qui m'a montré que des réformes institutionnelles étaient nécessaires. Car finalement, la Ve République telle qu'elle est pratiquée aujourd'hui est bien éloignée de son idéal gaullien. Non seulement elle en est éloignée, mais parfois elle trahit ce dernier, à son corps défendant. Toutefois, l'avantage indéniable de cette constitution n'en reste pas moins sa souplesse et sa capacité à s'adapter aux temps lorsque les circonstances l'exigent. Ainsi, la notion de cohabitation, qui n'était pas prévue à l'origine, a pu s'intégrer aux institutions, puis il a suffi de réduire le mandat de président de sept à cinq ans pour changer de façon structurelle la nature même du régime. Or, le quinquennat n'est clairement plus adapté. En fait, il ne l'a jamais vraiment été, mais il me semble que ceux qui ont conçu cette réforme n'en avaient pas vraiment bien anticipé les conséquences. Car avec ce mandat de cinq années, le Président de la République est sans cesse interrompu par des élections en tout genre, locale, régionale, européenne, sénatoriales, ce qui fait qu'il se retrouve sous pression politique constante, son agenda, qui est celui de la France, est perturbé par une campagne électorale permanente où il doit prouver aux observateurs que son parti fait bonne figure. On lui demande bien évidemment de s'engager aux côtés des candidats de sa majorité aux élections régionales, municipales ou européennes que l'on a tôt fait de transformer en plébiscite pour ou contre son action. Ainsi, en réalisant des scores comparables, le Président de la République est considéré comme le vainqueur des élections européennes en 2019, puis comme le perdant des élections régionales de 2021, après avoir eu des résultats mitigés aux élections municipales une année auparavant. Autant dire que tout cela est complètement illisible et rend absolument impossible le maintien d'un cap clair et durable.

On en arrive donc à une tentation démagogique du Président, bien loin de l'idéal gaulliste. C'est précisément ce à quoi on arrive au cours du mandat présidentiel d'Emmanuel Macron où la moindre campagne électorale est l'objet de mesurettes visant à satisfaire une partie de l'électorat en espérant avoir un résultat dans les urnes.

Cette tentation démagogique est d'abord due à la durée du mandat : cinq ans, c'est court, c'est trop court, car à peine le mandat commencé, le Président de la République va être sans cesse en campagne électorale cherchant à éviter la sanction des élections intermédiaires. L'image du chef d'État au-dessus des partis, qui bénéficie d'un lien direct avec le peuple français en prend un coup et ce ne sont pas les trois derniers présidents français qui pourront dire le contraire.

Sans pour autant revenir au septennat qui ne correspond plus à notre rythme démocratique, je suggère de passer le mandat de Président de la République à six années. Il y a en effet un monde symbolique entre cinq et six ans, ne serait-ce qu'en termes de diplomatie et de relations internationales. Le Président de la République française prendrait sur un rythme de six ans davantage le temps de consolider sa position vis-à-vis des États-Unis, et il serait aussi d'avantage reconnu en Europe. Ce qui n'est pas le cas après deux quinquennats secs qui n'ont pas permis à leurs titulaires de parvenir à imposer quoi que ce soit à Bruxelles.

Pour le bon fonctionnement des institutions, il sera par conséquent nécessaire de porter le mandat des députés à six années également. Ces deux élections pourront se dérouler l'une après l'autre comme aujourd'hui, toujours dans l'optique de donner au Président de la République, une majorité pour conduire la politique qu'il aura décidée et pour laquelle il aura été élu.

En ce sens, on reviendrait à un idéal gaullien avec un Président qui puisse gérer sur un temps assez long, disposant d'une majorité claire et d'un gouvernement politiquement responsable. En cela, on se rapprocherait une fois encore de ce qui fonctionne bien dans les mairies : le maire dispose d'une majorité qui lui permet pendant six ans de mener une politique claire pour laquelle il a toute légitimité, tout en gardant un lien privilégié avec le peuple.

Toutefois, les institutions doivent aussi comprendre que l'évolution de la société, et notamment les nouveaux moyens de communication, les nouvelles formes de mobilisation, de protestation, doivent pouvoir s'exprimer et trouver un exutoire, envoyer un signal politique au pouvoir sans pour autant l'empêcher d'aller au bout de son mandat. C'est donc un contrepouvoir qu'il convient d'organiser intelligemment, sans qu'il soit une forme de caillou dans la chaussure du Président et de son gouvernement.

Je préconise donc de regrouper les autres scrutins à la manière des « *midterms* » américaines, c'est-à-dire à mi-mandat de la Présidence. Ainsi, trois ans après les élections présidentielles et législatives, les Français sont appelés une deuxième fois aux urnes pour élire leurs maires, leurs conseillers territoriaux, régionaux et les sénateurs. C'est l'occasion de construire des contrepouvoirs locaux, permettant d'être de solides relais politiques disposant d'une légitimité démocratique. Cette légitimité serait issue du terrain et pourrait aussi permettre à l'exécutif de prendre davantage la mesure des éventuelles fractures au sein de notre pays. Ainsi, peut-être ces élections seraient politisées, mais elles ne le seraient qu'une seule fois et pas tous les ans ou presque dans une confusion qui pousse aussi, il faut bien l'admettre, nos compatriotes à se désintéresser complètement de la vie politique et électorale.

C'est ce qui est arrivé depuis quelque temps, mais en ordre dispersé. On a pu voir que les grandes villes étaient davantage sensibilisées à des problématiques environnementales alors que la France périphérique et les banlieues avaient d'autres préoccupations, et que les campagnes et le monde rural donnaient leurs suffrages à d'autres types de candidats. Le regroupement de tous ces scrutins permettrait d'analyser plus finement les problématiques exprimées par tous les Français et de pouvoir y apporter des réponses, de pouvoir mieux mesurer les conséquences des choix politiques effectués.

Soyons clairs, cette évolution de la France, cette archipellisation, pour reprendre le terme de Jérôme Fourquet, a mis longtemps à prendre forme et à s'imposer comme une évidence, car justement le rythme infernal des élections quasiment annuelles n'a pas permis d'exprimer clairement cette fracture, tout comme les résultats d'une élection pouvaient toujours être interprétés comme un soutien au Président quand l'année d'après, une autre élection était un net rejet de son parti. Le fait d'organiser toutes les élections intermédiaires au même moment aurait vraiment pour effet de conforter ou de rejeter nettement la politique gouvernementale, permettant au Président de l'infléchir ou au contraire, d'aller au bout de sa démarche en assumant électoralement les conséquences de sa politique. Cela ferait aussi émerger des leaders politiques issus des territoires, capables d'incarner une alternative nationale.

Quant aux sénateurs, je propose qu'ils soient élus d'une nouvelle manière : cent d'entre eux seront issus d'un scrutin de liste à la proportionnelle avec un seuil d'éligibilité fixée dès 1 %. La haute chambre sera complétée par une élection plus territoriale où chaque département voterait pour élire deux sénateurs dans un scrutin uninominal à un tour. Cette double élection du Sénat assurera une meilleure représentativité des courants politiques et des territoires. De cette manière, les partis ayant des difficultés à s'assurer des élus au scrutin uninominal par circonscription pourraient au moins se faire entendre au plan national et former leurs cadres au débat parlementaire, et nous avons bien vu à quel point cela s'avérait nécessaire ; surtout dans le cas d'élus profitant d'une vague électorale et se retrouvant sans grande expérience à siéger au Palais Bourbon. Il est important de redonner ses lettres de noblesse au débat parlementaire, à l'échange politique, et de permettre justement aux leaders de demain d'émerger en ayant la possibilité d'exprimer toutes les idées au sein de la représentation nationale. Le débat a été trop longtemps réservé uniquement à certains partis, les plus importants et les Français s'aperçoivent souvent, au moment des présidentielles par exemple, que d'autres mouvements alternatifs existent sans pouvoir les entendre vraiment en dehors de ces périodes électorales. Ces mouvements alternatifs, n'ayant pas vraiment la possibilité d'exister en dehors des grands rendez-vous, expriment souvent des idées intéressantes, mais peu réalistes qui ne sont pas forcément signe d'une démagogie quelconque, mais davantage d'une inexpérience élective qui leur coûte cher en termes de crédibilité et ne leur permet à aucun moment de percer au-delà de candidatures de témoignage.

Ce grand rendez-vous électoral de mi-mandat permettra de sanctionner ou de valider l'action du Président de la République sans pour autant mener à des situations de blocage comme du temps de la cohabitation.

Quant aux députés, ils pourront se réconcilier avec le réel grâce à la fin de l'interdiction du cumul des mandats qui a véritablement instauré une rupture entre le Palais Bourbon et les mairies. Ce non-cumul est une mesure populiste dans le sens où elle vise la classe politique dans son ensemble pour satisfaire une certaine défiance des Français contre leurs politiques « cumulards ». À l'heure où l'on fustige les populistes de tous poils, on oublie que cette mesure a profondément déconnecté le pouvoir législatif du terrain, faisant en sorte que le député ou le sénateur n'ait plus vraiment de moyens d'expérimenter la gestion publique directe. En effet, si le non-cumul se défendait sur le papier, force est de constater que la représentation nationale ne représente plus vraiment les territoires et donc ceux qui les habitent. Sans faire offense à certains parlementaires élus en ayant profité de la vague présidentielle en 2017, force est de constater que nombre d'entre eux auraient gagné en expérience en gérant un exécutif local ou en ayant une délégation territoriale qui leur aurait permis de mieux comprendre que ce n'est pas en ajoutant un amendement à une loi que l'on change vraiment les choses, mais en comprenant concrètement les conséquences de leurs votes parisiens sur la vie des Français. Car même animés de la meilleure volonté du monde, certains font un travail qui est finalement contreproductif et ne donne pas une belle image de ce que la démocratie peut être.

À mon sens, cette mesure a élargi un peu plus le fossé qui se creuse entre les Français et leur classe politique. En déconnectant le législateur de la réalité municipale, les lois se sont éloignées du quotidien et de nos réelles préoccupations. Les députés sont devenus parisiens et ont rejoint le cloaque de ces élites qui croupissent sous les ors de la République en vivant complètement hors-sol, dans un environnement protégé qui les dispense le plus possible de contacts avec la population envers laquelle ils ne se sentent pas vraiment redevables. L'observateur averti de la vie politique française conviendra de la baisse de niveau des députés. La génération Macron, sans engagement ni mandat, n'aura pas brillé par son expérience. Nombre de députés LREM étaient pourtant, j'en suis persuadé, animés des meilleures intentions du monde, mais force est de constater que cette déconnexion n'a rien amené de bon. On se souvient, bien entendu, des critiques sur les « députés-maires », qui se comportaient comme des petits chefs de leurs territoires et auraient abusé de leur pouvoir, dégoutant les électeurs de la politique. Je ne suis vraiment pas certain que finalement les députés-maires aient davantage dégouté les électeurs que certains des députés issus de la vague de 2017. En effet, ne plus avoir aucune autorité autre que celle que l'on exerce au Palais Bourbon finit par se révéler dangereux, car, en définitive, on écoute les conseillers du gouvernement sans plus vraiment faire remonter les aspirations du terrain.

De même, pour pousser le raisonnement plus loin, on a souvent dit que le Président de la République actuel aurait sans doute gagné à effectuer un mandat à la mairie du Touquet quand l'occasion s'est offerte à lui. Si tout n'est évidemment pas critiquable dans ce qu'il fait et dit, force est de constater que des erreurs de communication évidente auraient pu être évitées s'il était un peu plus connecté aux Français. Malgré tout le talent qu'on lui prête, Emmanuel Macron a lourdement payé cette déconnexion en début de mandat et ne pourra jamais se départir de cette rupture avec les Français, avec le terrain, avec le peuple.

Je sais bien qu'il est toujours difficile de faire des comparaisons, mais les prédécesseurs du Président actuel avaient certes quelques défauts, mais gardaient les pieds sur terre, car justement, ils s'étaient mesurés au scrutin local, à l'exercice du mandat local. Se faire houspiller sur un marché, devoir signer un permis de construire, recevoir une famille sur le point de se faire expulser par un bailleur social, assister à une rencontre sportive de jeunes d'un club local le dimanche matin, autant d'événements qui permettent de mieux mesurer le poids des décisions que l'on prend lorsque l'on atteint des fonctions nationales. Prenons celui qui aujourd'hui encore laisse aux Français le plus mauvais souvenir, François Hollande. Lorsqu'il réapparait en public, souvent dans la ville de Tulle où il a été maire, il est toujours très à l'aise et semble comprendre les aspirations des gens. Au passage, c'est sans doute cette empathie qui lui a le plus manqué pendant ses cinq longues et pénibles années de présidence, mais passons, tout le monde n'est pas fait pour le poste. Il en était de même pour Chirac, Sarkozy et même François Mitterrand. Ils connaissaient les contraintes de la gestion locale, ils connaissaient les Français, et au fond, ils avaient cette connexion évidente avec le peuple et avec le pays, ce que l'on ne parvient pas toujours à percevoir chez Emmanuel Macron.

Par ailleurs, il est de bon ton de dire que la politique n'est pas un métier, cela fait toujours plaisir à ceux qui le disent, mais en définitive, rien n'est plus inexact. Je ne suis pas d'accord avec cette affirmation. La politique est un métier et requiert des professionnels. Le service de l'intérêt général ne peut pas souffrir de l'amateurisme, surtout en cette période de sortie de crise sanitaire et de début de crise économique majeure. Le terme « professionnel » ne doit pas faire peur pour autant. On a valorisé le manque d'expérience politique, on l'a porté au pouvoir en partie et aujourd'hui, on s'en offusque. Tout cela n'a pas vraiment de sens. Lorsque je parle de « professionnel », je parle avant tout de formation, pas spécialement de métier ou de salaire. Et pour se former en politique, il faut exercer des mandats politiques, pour mieux comprendre de qui l'on tient sa légitimité, pour mieux comprendre pourquoi on est arrivé là. Cela paraît évident lorsque c'est annoncé ainsi, mais l'on trouvera beaucoup de bonnes âmes pour indiquer le contraire.

Le mandat le plus formateur est sans aucun doute celui de maire. C'est dans le fonctionnement des actes quotidiens d'une mairie que vous vous confrontez à l'application concrète, aux conséquences sur la vie des gens de la moindre décision. C'est le seul mandat de la République où vous êtes à portée de baffes, pour reprendre une expression populaire qui prend ici tout son sens. Priver les députés de cette expérience dévalorise la production législative et surtout dévalorise la parole du législateur qui paraît parfois complètement déconnectée du réel. Bien entendu, on se fait plaisir à peu de frais en empêchant les députés d'exercer un mandat de maire, mais on fait aussi beaucoup de mal à la République.

Il paraît toujours intéressant de choisir des députés qui viennent du privé, qui ont fait de grandes études ou qui connaissent des secteurs de l'économie. Toutefois, nous ne sommes pas dans un casting ou dans un entretien d'embauche, nous sommes ici pour désigner ceux qui vont voter et amender les lois qui vont ensuite s'appliquer à tous les Français. Nous ne sommes pas ici pour élire les meilleurs managers, les meilleurs décideurs, des leaders charismatiques ou les plus intelligents. Non, l'élection législative est faite pour élire des politiques qui vont ensuite exercer des fonctions politiques et être payés pour cela.

Beaucoup d'entre eux, parmi les députés nouvellement élus, se sont d'ailleurs plaints de la charge de travail qui leur était demandée. Parfois, ils ont été publiquement moqués pour cela. Mais quelque part, je les comprends. Être parlementaire, être élu de la République, c'est un travail bien différent de celui du cadre supérieur, du haut fonctionnaire ou même du chef d'entreprise. Et ce n'est pas évident à imaginer quand on se retrouve propulsé sans vraiment d'expérience au Palais Bourbon. Il est logique que nombre de ces parlementaires qui ont brillé professionnellement se retrouvent submergés par la charge de travail qui est la leur. Ce n'est pas un travail plus lourd que celui en entreprise, mais ce n'est tout simplement pas le même travail. Il y a d'abord le poids de la légitimité ; quand on tient son pouvoir de l'ensemble du peuple français, ce n'est pas la même chose que quand on doit développer une clientèle ou s'adresser à un Conseil d'Administration. Et cela, le mandat de maire l'explique fort bien. Un chef d'entreprise, un cadre supérieur, ne sera pas constamment sollicité lorsqu'il sortira dans la rue, il n'incarnera que son entreprise, voire son marché, ses clients. Le maire ne peut pas sortir dans la rue sans être sollicité, souvent à propos de choses pour lesquelles il ne peut rien faire et pour lesquelles, malgré tout, on attend de lui une solution. Le travail n'est donc pas de la même nature et cela paraît évident ; s'il est parfois difficile de passer du secteur privé ou secteur politique, l'inverse n'est pas simple non plus, loin de là.

De même, le chef d'entreprise a l'habitude de ne penser qu'à son entreprise, car il s'agit de son argent, de ses employés, de son patrimoine, de son marché. J'en rencontre au quotidien qui me disent, à raison, qu'ils sont submergés, qu'ils stressent en permanence, que leur vie est fortement impactée par l'entreprise. Très honnêtement, je ne sais pas si je serais capable d'être à leur place. Il faudrait aussi que chaque politique puisse le reconnaître. Mais lorsque ces hommes et ces femmes qui viennent du secteur privé se retrouvent quasiment sans expérience à assumer des fonctions d'élus, ils changent tout simplement de dimension. La notion même de travail n'est pas la même et on assiste souvent à des réflexions qui leur valent des moqueries un peu faciles, mais parfois complètement justifiées.

Ainsi, le député de Villeurbanne, le chef d'entreprise Bruno Bonnell est un patron brillant et innovant, vivant pour son business et ayant créé de la richesse. Tous les Lyonnais le connaissent et lui reconnaissent un parcours remarquable de créateur et de leader économique. En 2017, il a largement remporté l'élection législative, et peu de temps après il a commencé à réclamer de pouvoir voter par correspondance, se plaignant de la charge de travail, tout en brillant par son absence en circonscription… Bref, quel talent gâché pour quelqu'un qui avait sans doute beaucoup à apporter ! Le changement de dimension ne lui a pas permis de se saisir de l'ampleur de la tâche et il s'est vite retrouvé raillé par des gens qui ne pouvaient tout simplement pas comprendre qu'il a changé d'environnement, un peu comme si on demandait à un champion d'haltérophilie de s'aligner sur un 100 mètres nage libre.

Au-delà de cette comparaison qui n'a de valeur que dans un but d'illustrer l'écart entre ces mondes, et qui peut aisément expliquer la nécessité impérative d'avoir une expérience de terrain avant de se lancer dans une carrière parlementaire, la question du renforcement des pouvoirs du maire demeure aussi indispensable. Car oui, c'est au nom de ce rapport privilégié avec le réel qu'il faut absolument renforcer les pouvoirs du maire et lui permettre d'être la personne-ressource sur sa commune et aussi l'intermédiaire indispensable avec les autres échelons territoriaux. Car en définitive, et c'est quelque chose que je ne me lasserai jamais de répéter, le maire est sollicité en permanence pour des choses qui ne sont pas de son ressort.

Cependant, nous sommes bien conscients que ce n'est pas uniquement en autorisant aux maires de devenir parlementaire que nous allons changer quelque chose et apaiser la relation de plus en plus conflictuelle entre nos concitoyens et les élus.

Je suggère donc aux citoyens d'investir directement l'une de nos institutions qui, disons-le, ne sert plus à grand-chose : le Conseil économique, social et environnemental.

En effet, pour renforcer ce retour du réel dans nos institutions, je propose de transformer le Conseil économique, social et environnemental en Conseil Citoyen Permanent. Cette assemblée consultative serait composée de cent citoyens tirés au sort tous les trois ans. Son rôle consultatif serait renforcé et cette assemblée aurait également son mot à dire dans la nomination des magistrats après bien entendu que les compétences de ces derniers aient été éprouvées par le biais d'un concours, pour que notre justice soit rendue à nouveau au nom du peuple français.

Après tout, les jurys populaires d'assises sont eux aussi tirés au sort, il serait sans doute rafraichissant pour notre pouvoir judiciaire que les juges passent d'une façon qui reste à définir, par le prisme de l'onction populaire. Car si la justice doit être indépendante par rapport au pouvoir politique, il ne faut pas oublier qu'elle est rendue au nom du peuple français. Là encore, l'autonomie de la justice a creusé le fossé entre le peuple et cette institution fondamentale de notre État de droit. Il faut réconcilier les Français avec leur justice, sinon toutes les conditions d'une dérive autoritaire sont réunies. Plus les élites mépriseront les aspirations populaires de bon sens, plus elles renforceront la vague populiste.

Il semble que ce chantier de la légitimité de la justice soit réellement quelque chose de vital pour notre République. L'avènement des réseaux sociaux et l'hypermédiatisation de certaines affaires font que les décisions des juges paraissent souvent déconnectées de la réalité. Il ne faut pas non plus nier la politisation de certains magistrats et l'utilisation de certains leviers judiciaires à des fins politiques. Je suis le premier à me montrer surpris de la coïncidence entre des ouvertures de procédures très médiatisées et la proximité de scrutins électoraux. En donnant aux juges une forme d'onction républicaine, ils verraient leur légitimité renforcée et seraient sans doute plus à l'aise avec les décisions qu'ils prennent.

Afin de prévenir ce dialogue de sourds entre les élites et le peuple, il faudra bien aussi oser un « *spoil-system* » à la française : les hauts fonctionnaires ne doivent plus être protégés par le statut de la fonction publique. Autrement dit, les cadres supérieurs de la fonction publique doivent pouvoir être congédiés sans aucun délai par le pouvoir exécutif pour que l'action administrative de l'État suive sans retenue les décisions prises par les élus du peuple. Cette mesure permettrait de lever le doute sur l'existence d'un État profond qui imposerait sa politique en dépit du sort des urnes. La confiance entre l'État et ses administrés en ressortirait renforcée.

Car soyons très clairs et osons ouvrir le débat : la haute fonction publique a-t-elle vraiment besoin d'un statut ultra protecteur ? Les salaires versés, les réseaux qui y sont tissés, nécessitent-ils que l'emploi public à vie soit garanti pour les hauts dirigeants de la fonction publique ? Ce n'est qu'une question et je n'ai pas vraiment la réponse, mais voir de hauts fonctionnaires se lancer dans la politique ou aller pantoufler à la direction générale de grandes entreprises ou encore se lancer dans le consulting fort bien rémunéré en mettant à profit l'expérience et les réseaux qu'ils ont pu se constituer peut se comprendre. Toutefois, il n'est pas normal qu'ils ne prennent strictement aucun risque en faisant ainsi. S'ils se retrouvent en situation d'échec, leur corps d'origine est tenu de les reprendre avec un traitement plus que confortable inhérent à la haute fonction publique.

Je me souviens notamment de l'ancienne patronne de Radio France qui avait été sanctionnée pour avoir largement abusé de notes de frais injustifiées, se servant de son chauffeur pour des choses quasiment exclusivement personnelles et en en faisant bénéficier sa famille. L'opinion a appris consternée qu'elle avait été tranquillement recasée à un poste de haut fonctionnaire au sein de son ministère d'origine. Comment pouvoir faire passer un message de responsabilité quand on observe ce genre d'errements ?

C'est pour cela que le statut de haut fonctionnaire, pour bien rémunéré qu'il soit, ne doit plus offrir une sécurité absolue de l'emploi. Ce n'est d'ailleurs le cas que dans très peu de pays occidentaux et c'est très bien ainsi. Lorsque l'on a accédé aux plus hautes responsabilités de l'État, on doit être capable de rebondir ailleurs, ou alors c'est qu'il y a un problème de compétence au plus haut niveau de l'État.

L'intérêt de ce « *spoil system* » est aussi que les gouvernements pourront désormais être accompagnés de hauts fonctionnaires qui adhèrent parfaitement à leur projet politique. On a trop vu des alternances politiques nettes, décidées par les Français, finalement ne pas donner grand-chose, car la haute fonction publique n'évoluait pas le moins du monde et participait, par corporatisme, davantage à sa propre préservation qu'à celle de la mise en place de la politique du Gouvernement.

Le contrat social est comme tous les autres contrats : il repose sur la confiance. Pour que cette confiance existe, il faut que la République tienne ses promesses que cela soit en matière de justice, d'éducation ou encore de sécurité. En tant que maire, j'ai trop souvent constaté les défaillances de notre système dans ces domaines. La justice ne répond plus aux problèmes de délinquance, l'éducation ne garantit plus l'égalité des chances et l'insécurité explose, avec le sentiment de défiance et d'abandon qui va avec.

Rétablir cette confiance doit donc passer certes par des réformes institutionnelles qui rompent avec les anciennes habitudes, mais surtout par le sentiment que l'État de droit est toujours présent, que l'esprit de responsabilité habite bel et bien nos dirigeants et que tout manquement est bel et bien sanctionné.

Conclusion : courage et jalousie

Quelques semaines avant la fin de l'année 2022, le président de la Métropole de Lyon, l'écologiste Bruno Bernard, décidait de faire adhérer la collectivité à l'ONG allemande Transparency International de façon à ce que cet organisme puisse certifier des bonnes pratiques des élus qui y siègent et des décisions qui y sont prises.

Annoncée ainsi, cette adhésion parait sympathique, voire garante d'une certaine probité. Après tout, les élus ont-ils tant de choses à cacher qui ne saurait être vu par une ONG portant un nom si rassurant ? Pourquoi ne pas laisser des organismes « indépendants » observer notre travail ? En fait, rien n'est plus pernicieux qu'une telle idée, rien n'est plus porteur du germe d'un climat délétère et dévastateur à l'encontre de ceux qui « font ». En effet, notre République dispose déjà de nombreux garde-fous : les organismes de contrôle tel que les chambres régionales de la cour des comptes qui nous auditent régulièrement, les services de l'État qui exercent le contrôle de légalité, la justice… et les électeurs in fine qui peuvent sanctionner un élu à la fin de son mandat en ne le renouvelant pas. En quoi une ONG dont les membres ne sont pas élus, dont on ne connaît pas les financements et la motivation profonde, peut-elle être plus vertueuse que le citoyen ou les institutions républicaines ?

C'est d'ailleurs pour cette raison que le groupe politique auquel j'appartiens a voté contre et c'est en ce sens que je me suis exprimé en son nom afin de signifier notre opposition radicale à cette adhésion. J'espère qu'en reposant ce livre, le lecteur comprendra notre position. Nous sommes partis du principe que la suspicion généralisée à l'encontre des élus était un véritable poison pour notre démocratie, car plusieurs d'entre nous, et je n'y fais pas exception, ont été victimes de menaces, de rumeurs, de calomnies allant bien au-delà du simple débat démocratique.

Ce climat malsain, entretenu depuis des années, touche particulièrement ceux qui osent, ceux qui font preuve de courage, ceux qui mettent les mains dans le cambouis, ceux qui dérangent. Il est très rare que les soupçons se portent sur ceux qui ne font rien, qui laissent faire ou se contentent de gérer sans chercher à changer les choses. Ne rien faire est souvent la garantie d'être tranquille et ne surtout pas être inquiété.

C'est d'ailleurs le cas de la Métropole de Lyon depuis que la nouvelle majorité est aux commandes : les grands projets n'avancent plus, les territoires sont oubliés, la machine administrative patine et cet outil de politique publique qui est la plus importante collectivité locale de France ne prend plus aucune décision structurante si ce n'est celle de reporter ou supprimer des investissements vitaux pour le territoire, notamment en matière de transports en commun. Ce mammouth bureaucratique a pris le dessus sur des élus qui semblent tétanisés par l'idée même d'agir.

Quand on ne fait rien, quand on ne risque rien, quand on n'est pas courageux, on ne suscite pas vraiment de réactions, pas vraiment d'attaques. L'absence de risque, l'absence de courage est pourtant ce qui fait que notre société se délite et que notre pays s'affaisse. Ne rien faire, c'est accompagner cet affaissement, c'est accompagner cette inertie et ce sentiment que rien n'est possible, que la situation est inéluctable, c'est la négation même de l'action politique.

Se contenter de gérer les affaires de la ville au quotidien, sans vision, sans vrais projets structurants pour l'avenir, tout cela dans l'objectif de ne pas créer de vagues ne mène nulle part et peut même d'un certain point de vue être considéré comme une lâcheté par rapport aux gens qui vous ont élus pour faire avancer les choses. Or, vous l'aurez compris en parcourant ces lignes, la politique c'est l'anti-destin, ou la capacité d'un élu à changer profondément et durablement le territoire dont il a la charge et le devoir d'améliorer concrètement la vie des habitants.

Cette prime à l'inaction apparait somme toute assez logique. Bruno Bernard est un humain comme les autres et il voit parfaitement ce qui arrive à ceux qui sortent du bois, à ceux qui font preuve de courage. Il a vu le maire de Bron, Jérémy Bréaud, être menacé de mort et agressé, il a vu les maires de Grigny et de Valence non loin de Lyon, également ciblés. Il sait aussi ce qui m'est arrivé et il sait pourquoi cela a eu lieu.

Il lit la presse comme tout le monde et se rend compte que les maires qui bougent, ceux qui s'opposent, ceux qui veulent faire changer les choses sont systématiquement malmenés. Dès qu'un maire prend un risque et fait preuve d'un peu de courage, même au sein d'une petite localité, il se verra opposé des réactions disproportionnées et surtout sera victime de coups bas, de rumeurs, de menaces et parfois même d'agressions physiques. Je n'oublierai jamais que mon collègue, le maire de Signes, dans le Var, Jean-Mathieu Michel, a payé de sa vie le fait de s'être opposé physiquement à un dépôt de gravats dans une décharge sauvage située sur le territoire de sa commune. C'était en 2019. Le camion qu'il tentait de stopper ne s'est pas arrêté. Il a payé son engagement de sa vie.

Depuis, les choses ont-elles changé ? Pas vraiment. Les agressions d'élus sont courantes, constantes, la presse locale en regorge, les menaces sont de plus en plus clairement édictées. Mais pourquoi cela ?

On parle bien entendu des conséquences du confinement qui a mis la population à cran, mais cela n'explique pas tout, loin de là. On parle aussi et surtout d'une société qui va mal, d'une ère du soupçon généralisé, illustrée par l'attitude de Yannick Jadot, pourtant candidat à l'élection présidentielle, qui indique que selon lui, un homme simplement soupçonné ne devrait pas pouvoir se présenter aux élections. On préfère s'affranchir de la République et de ses principes fondamentaux, comme la présomption d'innocence, pour donner le pouvoir au soupçon et à la rumeur peu importe qu'elle soit fondée ou non. Peu à peu, certains instaurent ainsi la présomption de culpabilité pour les élus de la République.

Mais au-delà de ces mots, il y a une réalité. Et cette réalité cruelle est justement celle de la rumeur. Cette réalité, c'est celle qui consiste à salir celui qui agit, celui qui dérange, celui qui fait preuve de courage. Tous les élus connaissent cela : plus ils bougent, plus le flot de rumeurs, de soupçons, de méchanceté va s'abattre sur eux. En fait, cela ne va pas s'abattre que sur eux ; leurs proches et leurs familles sont désormais également visés.

Que l'on me comprenne bien : je ne parle pas ici de critiques politiques ou partisanes. Bien au contraire, ces dernières entrent dans le jeu démocratique et permettent aux populations d'avoir une idée des autres options politiques possibles lorsqu'une décision est prise. Ce jeu démocratique est sain et permet justement de contenir les débordements et effusions passionnels. Je ne suis pas le dernier à l'utiliser et à critiquer vertement les options politiques prises par ceux qui ne sont pas de mon avis. Cela permet d'éclairer librement le choix du citoyen lorsqu'il est amené à se rendre aux urnes pour renouveler la confiance en ses dirigeants ou décider d'en changer.

Non, je veux parler ici des attaques personnelles, qui vont jusqu'à toucher la famille, les enfants. Ces attaques et rumeurs ignobles touchent en particulier les élus qui agissent, les élus qui font preuve de courage. On ne mesure souvent pas à quel point elles sont blessantes avant d'être touché soi-même. Ce fut mon cas.

Quand ma vie privée est attaquée, quand ma famille et mon intimité sont traînées dans la boue, je me demande parfois si le prix du courage au service des autres et de son territoire n'est pas un peu trop élevé. Je me demande parfois s'il n'est pas vain de faire tous ces efforts.

Quand j'apprends que des rumeurs mensongères circulent, sont transmises aux autorités qui heureusement ne sont dupes de rien. Quand au petit matin, on m'informe que moi-même et ceux que j'aime sommes victimes de menaces de mort sur les murs de la ville. Quand je vois que des personnes mal intentionnées me suivent, qu'ils donnent en ligne mon adresse, je comprends parfois la crise des vocations en politique.

Nous, les maires, sommes systématiquement accusés de profiter, de nous enrichir, d'être malhonnêtes. Vous pouvez être certain que dès qu'un élu local sort du bois, dès qu'il prend un risque, qu'il fait preuve de courage, les rumeurs commencent, le travail visant à la salir personnellement bien davantage que politiquement se met en route, essayant de broyer celui qui veut faire preuve d'initiative et de courage politique. Ceux qui ne peuvent gagner par les urnes et qui s'y sont résignés utilisent alors l'arme de la calomnie. Au passage, c'est souvent pour cela que, face à la radicalisation et l'islamisme, les élus préfèrent souvent se taire. La plupart du temps, ce n'est pas de la complicité, mais tout simplement de la crainte ressentie par des maires qui ne veulent pas voir leur nom et leur famille trainés dans la boue. Je ne leur cherche pas d'excuses, mais il faut vraiment mesurer la pression qui pèse sur eux.

Cette suspicion permanente, cet opprobre constant lancé contre nous ne fait pas partie du contrat, cela ne fait pas partie de notre engagement, ce n'est pas pour cela que nous nous présentons devant les électeurs.

Alors nous devons courber le dos et faire avec, nous devons nous construire une carapace et rester la tête haute dans la tempête.

Je pense aussi à ce que Georges Pompidou et son épouse ont dû endurer durant l'affaire Markovic en plein cœur des années 1960 : le Tout-Paris bruissait de prétendues photos (qui s'avéreront n'être qu'un grossier montage) de la femme du Premier ministre participant à des parties fines, le soupçon infondé se distillait sur l'implication de l'ancien chef du Gouvernement dans la mort d'un homme. Il avait même dû s'expliquer devant un magistrat alors même qu'il était étranger à cette affaire. Comment ne pas avoir la nausée devant ce type de méthode où l'honneur d'un homme et de sa famille est jeté ainsi en pâtures aux charognards. Cela aurait pu le briser, il en ressortira marqué jusqu'à sa mort, mais sa force de caractère lui permit de rétablir son honneur et celui de son épouse tout en accédant à la magistrature suprême quelques années plus tard. Pour les colporteurs de ragots et ceux qui aiment à les relayer, il parla de « ce vilain frémissement des narines qui sentent venir les boules puantes et qui se régalent à l'idée de renifler des odeurs d'égouts. »

Hélas, pour certains d'entre nous, le mal est trop dur, trop profond. Le 7 avril 2015, l'ancien maire de Tours, le Sénateur Jean Germain, se tirait une balle dans la tête avec un fusil de chasse.

Il laissait une lettre dont nous retiendrons cette phrase : « *Il est des êtres, j'en suis, pour lesquels injustice et déshonneur sont insupportables* ».

Je ne connaissais pas Jean Germain, pas plus que je ne connaissais les nombreux maires qui ont commis l'irréparable. Je sais juste qu'il n'avait pas été jugé et s'était senti acculé, visé par des accusations de malversations qu'il n'acceptait pas. Pour lui, le prix de l'engagement était trop dur et il a préféré nous quitter plutôt que de continuer à encaisser le flot incessant d'accusations, de calomnies et de rumeurs.

Le Président du Sénat parla, pour lui rendre hommage, d'un système qui n'a finalement rien retenu depuis Pierre Bérégovoy. Gérard Larcher n'avait pas tort. Quoi qu'ait fait l'ancien maire de Tours, il ne méritait pas de mourir, il ne méritait pas une telle disgrâce, aucun élu de la République ne le mérite.

À l'ère des réseaux sociaux, des commentaires anonymes et blessants, à l'heure où des noms sont affichés sur des murs comme autant de condamnations, à l'heure où des personnalités vivent sous protection policière à cause de leurs opinions et convictions, peut-être est-il temps que, collectivement, chacun réfléchisse aux conséquences des discours de haine à l'encontre de ceux qui s'expriment, de ceux qui agissent, de ceux qui ont une opinion différente, qui mettent les pieds dans le plat, de ceux qui font preuve de courage. Le courage doit être récompensé, il ne doit plus être synonyme de condamnation et de lynchage, il ne doit plus être quelque chose qui paralyse, mais quelque chose qui émancipe.

Ces menaces et cette haine ne touchent pas que les élus, bien entendu. On peut penser à la jeune Mila qui, depuis plusieurs années, ne peut plus sortir de chez elle, menacée en permanence suite à des propos qui ont déplu à certains. Elle avait osé répondre en ligne à des insultes homophobes en ironisant sur la religion de ses agresseurs. Eux n'ont rien eu. Elle est toujours enfermée et scolarisée à domicile. On peut penser à Klaus Kinzler, professeur d'allemand à Sciences Po Grenoble, et à son collègue qui ont vu leurs noms placardés sur les murs parce qu'ils avaient discuté de l'usage du terme « islamophobie » lors de la préparation d'un événement organisé par cette prestigieuse école. Klaus Kinzler a été suspendu avant même la commission de discipline, car, avec des mots forts, il avait fait part de son désarroi dans la presse.

On peut penser aussi à Samuel Paty, assassiné par un terroriste islamiste, tout simplement parce qu'il faisait un cours sur la liberté d'expression et que des personnes cherchant à lui nuire ont fait courir les pires rumeurs sur son compte. Au départ, ce n'étaient que des mensonges, que des rumeurs, que des soupçons… Jusqu'à ce que quelqu'un les prenne au sérieux et vienne jusqu'aux portes du lycée de cet enseignant pour le décapiter en pleine rue.

De plus en plus, dans les communes de France, il est compliqué de trouver des candidats pour être maire. On parle de crise des vocations, on parle de désintérêt.

Or la France reste plus que jamais un pays politique, une République qui a la politique et l'action publique chevillées au corps et au cœur. Si les candidats manquent, si de plus en plus, les élus ne prennent plus de risques, se retranchent derrière la règle, se cachent derrière d'autres échelons et n'innovent plus, c'est peut-être aussi parce qu'ils savent que s'ils parlent, leur réputation sera entachée. Ils savent que les jalousies, les médisances, les bassesses s'abattront sur eux comme sur leurs proches, sur leurs familles, que parfois elles viendront même de leur propre camp. Ils devront même apprendre à faire face, souvent, aux adeptes du double langage pernicieux. Alors le prix de la tranquillité personnelle devient celui de l'inaction, de l'absence de courage, mais peut-on le leur reprocher ?

Au moment où la France a besoin de courage, au moment où les territoires ont besoin d'audace, il convient de regarder les choses en face. Il est de notre responsabilité collective de remettre le débat politique au centre du jeu et de stopper cette haine et ce climat de suspicion généralisée à l'encontre du monde politique et des élus locaux tout particulièrement.

Car si, comme j'espère que le lecteur l'a compris, des solutions existent, elles portent en priorité sur un changement d'attitude, de caractère, des élus et du monde politique en général.

De gestionnaires, ils doivent devenir des visionnaires et surtout des acteurs. Et agir, dans notre pays, cela attire la jalousie, l'envie, et parfois la haine. Ce poison du mensonge et de la calomnie, nous devons être capables de le combattre, nous devons être capables de dire stop et de nous reconcentrer sur la politique au sens noble du terme. Pour que la France redevienne ce pays profondément politique, pour que la France redevienne ce pays capable d'aller là où nul autre n'ose aller.

Pour que notre démocratie cesse d'être malade, pour que la politique soit de nouveau un espace où les esprits les plus brillants puissent se mettre au service de la collectivité plutôt que directement travailler dans le secteur privé, il est essentiel que la République protège ses élus et notamment ses maires, maillons essentiels de la vie collective française. Il est normal de demander toujours plus d'exemplarité pour les élus, mais en retour la République leur doit protection et assistance quand ils sont calomniés, diffamés, menacés. La République ne peut pas donner le sentiment de la lenteur et de l'impuissance des institutions dans des procédures sans fin. Elle devrait pouvoir être rapide et sans concession, afin que les élus puissent faire preuve de courage en se disant que la justice les protégera face à ceux qui se cacheront lâchement pour tenter de faire reculer ceux qui font bouger les lignes.

Table des matières

Prologue
Pourquoi la politique ? Pourquoi Rillieux-la-Pape ? 7

Chapitre I
Sécurité : opération reconquête 27
Chapitre II
Pour une éthique de la sanction 45
Chapitre III
École de la réussite de tous 63
Chapitre IV
Logement social : la fin des ghettos 83
Chapitre V
Nouvelle citoyenneté 101
Chapitre VI
Des institutions à réformer 113

Conclusion
Courage et jalousie 133

CE N'EST QU'UNE QUESTION DE COURAGE

ISBN : 978-2-81220-329-9

222, boulevard Pereire 75017 Paris

www.ramsay.fr

Réalisation : Ramsay Médias, Romorantin (41)

Imprimé en France par CPI (168787)

Dépôt légal à parution